Erfolgreich(e) historische Romane schreiben

Wie man Leser in die Vergangenheit entführt

ANNETTE OPPENLANDER

Weitere Bücher der Autorin

Vaterland, wo bist du? Roman nach einer wahren
Geschichte (*deutsche Übersetzung der achtfach
nominierten/preisgekrönten Originalausgabe »Surviving the
Fatherland«*)
47 Tage: Wie zwei Jungen Hitlers letztem Befehl trotzten
(*Novelle – Zweiter Weltkrieg*)
Immer der Fremdling: Die Rache des Grafen
Leicht wie meine Seele (*Novelle – Zweiter Weltkrieg*)
Bis uns nichts mehr bleibt: Historischer Roman
(*amerikanischer Bürgerkrieg*)

Englische Bücher

A Different Truth (*Historical Mystery – Vietnam War Era*)
Escape from the Past: The Duke's Wrath I (*Time-travel
Adventure Trilogy*)
Escape from the Past: The Kid II
Escape from the Past: At Witches' End III
47 Days: How Two Teen Boys Defied the Third Reich
(*Historical Novelette*)
Surviving the Fatherland: A True Coming-of-age Love
Story Set in WWII
(*Historical Biographical Fiction*)
Everything We Lose: A Civil War Novel of Hope,
Courage and Redemption (*American Civil War*)
Where the Night Never Ends: A Prohibition Era Novel
A Lightness in My Soul: Inspired by a True Story
Boys No More (*Short Story/Novella Collection*)

Inhaltsverzeichnis

Zitate

»Geschichte ist die Lüge, auf die man sich geeinigt hat.«
Napoleon I. Bonaparte (1769-1821), französischer
Feldherr und Politiker, Kaiser der Franzosen von 1804 bis
1814/15

*»Die Geschichte irgendeines Wissens zu schreiben ist immer
eine bedenkliche Sache. Denn bei dem redlichsten Vorsatz kommt
man in Gefahr, unredlich zu sein; ja, wer eine solche Darstellung
unternimmt, erklärt im voraus, daß er manches ins Licht, manches
in den Schatten setzen werde.«*
Johann Wolfgang von Goethe (1749-1832)

Einführung

Ich habe mich länger gefragt, ob es sinnvoll ist, ein Handbuch zum Schreiben historischer Romane zu verfassen. Immerhin gibt es jede Menge Ratgeber über die Schreibkunst, die Themen und Techniken unter die Lupe nehmen. Mit Recht, denn Schreiben ist 90 Prozent Lern- und Fleißarbeit und 10 Prozent Talent. Doch das Schreiben historischer Romane fordert vom Schriftsteller – der Einfachheit halber nutze ich nur ein Gender, natürlich sind Schriftstellerinnen ebenso gemeint – eine besondere Kombination aus Spezialinteresse, Eifer, Zeitaufwand und Schreibkunst. Auch bedient sich der Autor historischer Romane verschiedener Techniken, z.B. wie man neue Ideen findet, sich von der Masse der historischen Informationen nicht überwältigen lässt oder einen historischen Dialog authentisch und glaubhaft rüberbringt.

In den verschiedenen Foren werden immer wieder Fragen zum historischen Genre gestellt, und auf den jährlichen Kongressen, z.B. der Historical Novel Society, bleiben viele Themen zum Schreiben historischer Romane aktuell. Da ich beim Schreiben von mehr als fünfzehn historischen Romanen und Novellen in englischer und deutscher Sprache so einiges gelernt habe, das ich dem beginnenden Autor historischer Werke mit auf den Weg geben kann, vor allem weil ich mir selbst damals ein solches Buch gewünscht hätte, hoffe ich, dass angehende Schriftsteller einigen Nutzen aus diesem Ratgeber ziehen können.

Nicht jedes Thema bezieht sich ausschließlich auf das historische Genre, und manche Bereiche werde ich aus Platzgründen und weil bereits wunderbare Ratgeber zur Verfügung stehen, nur kurz anreißen und nur, sofern sie für das historische Genre von Bedeutung sind.

Doch zuvor möchte ich noch ein paar Worte der Weisheit und auch der Warnung loswerden: Wer meint, er könne in wenigen Monaten zum Bestsellerautor aufsteigen, ohne entsprechende Lernphasen zu durchlaufen, der wird sich nicht nur irren, er wird Zeit verschwenden und letztendlich enttäuscht sein. Das gilt auch für Neuautoren, die sich bereits sehr gut in einer Epoche auskennen. Detaillierte, historische Fachkenntnisse bedeuten nicht automatisch, dass man einen super spannenden und sich gut verkaufenden historischen Roman verfassen, geschweige denn verkaufen kann.

Ohne Frage fallen Lernkurve und investierte Zeit bei jedem anders aus, doch selbst wenn man gerne liest, erzählt oder ein Tagebuch führt, ist Romanschreiben kein angeborenes Talent. Man sagt, dass man es zum Experten in einem Bereich schafft, wenn man 10.000 Stunden praktiziert hat. Dem stimme ich grundsätzlich zu. Wem Schreiben nicht wirklich Spaß macht, der sollte sich fragen, warum er ein Buch verfassen will. Wenn die Antwort dazu ›viel Geld verdienen‹ lautet, wäre eine Investition in ein Lotto-Ticket sinnvoller.

Man erwartet ja auch nicht, Geigenspieler in einer

Philharmonie zu werden, ohne entsprechende Stunden dafür geübt zu haben. Oder sollte man sich von einem Arzt eine Knieprothese einsetzen lassen, wenn der noch nie eine solche Operation durchgeführt hat. Genauso wenig wollen Leser Bücher kaufen und lesen, die laienhaft klingen und vor Fehlern strotzen.

Wer also spannende und erfolgreiche historische Romane schreiben will, der investiert in seine Kunst, indem er Bücher über das Schreiben liest, Workshops besucht, viel liest und viel schreibt. Hoffentlich schließt er sich Gleichgesinnten an und wird Mitglied einer Schreibgruppe. Egal ob man sich in Person trifft oder virtuell arbeitet, das regelmäßige Besprechen der eigenen Manuskripte sowie das Lektorieren von Werken der Kollegen motiviert und lehrt. Die Schreibgruppe muss nicht unbedingt aus Autoren des History-Genres bestehen, im Gegenteil, es ist durchaus empfehlenswert, die Arbeiten anderer Genres zu verstehen und zu analysieren.

Doch was sind spannende Erzählungen, was macht, um beim Thema dieses Ratgebers zu bleiben, eine erfolgreiche historische Erzählung aus? Und wie schafft es der Autor, den Leser in die Geschichte eintauchen zu lassen? Was ist das Besondere am historischen Genre? Welche Techniken nutzt der Autor historischer Romane, wie baut man authentische historische Welten, entwickelt überzeugende Figuren, die sich authentisch in ihrer Welt bewegen? Warum bevorzugen viele Leser historische Romane über andere Genres? Was genau suchen diese Menschen? Welche Epochen sind besonders beliebt? Diesen Fragen und einigen mehr gehen wir auf den Grund.

Historische Romane auf dem Buchmarkt
In Deutschland gibt es zurzeit etwa 30 Millionen Buchkäufer. In der Belletristik stehen neben Krimis und Thrillern, die 65

Prozent der Leser bevorzugen, an zweiter Stelle mit knapp 50 Prozent historische Romane (Umfrage von 2017). Auch in den USA und England liegen Krimis und Thriller vorn, wobei Liebesromane dort das meiste Geld einfahren. Das ›Historical Fiction‹-Genre erfährt im englischsprachigen Markt weit weniger Nachfrage – in den USA liegen historische Romane an neunter Stelle.

Sollte man deshalb Krimis oder Thriller schreiben oder sich auf Liebesromane konzentrieren? Ich glaube, man sollte schreiben, was man mag, selbst gerne liest, was interessiert und begeistert. Nur dann wird man die notwendige Energie aufbringen, bei der Sache zu bleiben. Wer diesen Ratgeber aufgreift, hat dafür Gründe. Auch gibt es genug Subkategorien, die Genres kombinieren, man denke z.B. an historische Krimis wie die erfolgreichen Sherlock-Holmes-Abenteuer. Wer also gerne Krimis schreiben möchte, der plant seine Plots vielleicht im 19. Jahrhundert oder erfindet einen Sheriff im Wilden Westen.

Und wenn man nach einem halben Jahr feststellt, dass man keine Lust mehr hat, mehr über das Mittelalter zu erfahren oder sich in die viktorianische Zeit einzulesen? Dann ist das in Ordnung. Wir erfahren genug Druck von außen und üben oftmals noch mehr Druck auf uns selbst aus. Mittel- bis langfristig wird es wenig bringen, sich mit etwas zu beschäftigen, das einem nicht wirklich Spaß macht.

Alternativ kann man z.B. eine andere historische Epoche unter die Lupe nehmen oder einfach eine Weile historische Romane verschlingen. Oftmals hilft es auch, sich mit Gleichgesinnten auszutauschen, eine Konferenz oder einen Autorentreff zu besuchen. Manchmal motivieren Ratgeber oder Workshops über die Kunst des Schreibens. Man sollte allerdings Vorsicht walten lassen, wenn der Titel sofort einen Bestseller verspricht. Auf der anderen Seite ist nichts unmöglich und auch Debüts können durchaus großen Erfolg haben. Man denke an Kathryn Stocketts Roman The Help (Gute Geister), der das Leben der schwarzen Bediensteten im Süden der USA in den frühen 1960er Jahren unter die Lupe nimmt und der es auf Anhieb auf die Bestsellerlisten schaffte und fast sofort – innerhalb von zwei Jahren – verfilmt wurde. Es gibt viele erfolgreiche Autoren, die sich auf das historische Genre spezialisiert haben und damit einen wunderbaren Lebensunterhalt verdienen. Oliver Pötzsch, Rebecca Gablé, Wolf Serno und Sabine Ebert sind auf dem deutschen Markt bekannt und wer kennt nicht Diana Gabaldons Highland Saga? Ob und wie man mit historischen Romanen ein Auskommen erzielen kann, werden wir noch ausführlicher diskutieren.

Der Leidenschaft folgen
Wer seine Leidenschaft für die Vergangenheit entdeckt hat und einfach ständig in der Geschichte herumstochert, dazu gerne liest und schreibt, dem sind keine Grenzen gesetzt. Ich habe erst in den Vierzigern mit dem ernsthaften Schreiben historischer Romane begonnen. Historisches gelesen habe ich schon als Kind und das Schreiben ging mir auch im Marketing beruflich gut von der Hand. In meiner Jugend tagträumte ich gerne und ging so tief in Gedanken zur Schule, dass ich mich oft wunderte, wenn ich ankam und mich an nichts auf dem Weg erinnern konnte.

In den ersten Jahren meines neu entdeckten Hobbys, das übrigens 2003 ernsthaft begann und 2009 bei einer Kurzgeschichten-Schreibwerkstatt an der Indiana University in den USA einen deutlichen Vorwärtsschub tat – damals lebten wir noch in den USA –, arbeitete ich noch und schrieb deshalb abends und an Wochenenden. Ich wurde Mitglied zweier Schreibgruppen, die ihre Arbeiten gegenseitig und regelmäßig lektorierten, las und schrieb, las und schrieb. Erst 2015, nachdem ich mehr als ein Jahr mit einem Literaturagenten verschwendet hatte, veröffentlichte ich die ersten beiden historischen Romane. Seither sind noch einige mehr erschienen, zunächst in englischer Sprache und seit 2019 auch in Deutsch, und ich kann weiterhin mit dem Schreiben schlecht aufhören.

Das heißt nicht, dass ich keine Phasen der Lustlosigkeit durchlebe. Gerade die Covid-19-Pandemie hat mir wie vielen Kreativen zugesetzt. Es fehlen einfach die Eindrücke von außen. Für historisch Interessierte bedeutete das auf Reisen zu verzichten, auf denen man neue Ideen sammeln oder den Ort des Geschehens unter die Lupe nehmen kann. Das Gehirn braucht einfach neue Stimulation, die sich, zumindest für mich, schlecht mit Bücherstudien im eigenen Heim ersetzen lässt.

Ich will damit sagen, dass Alter beim Schreiben keine Rolle spielt. Wer früh zur Autorentätigkeit findet, der hat einfach noch mehr Gelegenheit, tolle Werke zu entwickeln. Wer sich erst später dazu berufen fühlt oder die nötige Zeit findet, der hat mehr positive und schwierige Lebenserfahrungen gemacht, mehr Beziehungen geknüpft, mehr Menschenkenntnis gesammelt, vielleicht geliebte Menschen leiden sehen oder verloren – alles Erlebnisse, die das Schreiben bereichern können. Es gibt Menschen, die haben erst mit über neunzig Jahren zum ersten Mal ein Buch publiziert.

Warum also nicht jetzt mit dem Romanschreiben beginnen?

Es ist nie zu spät! Deshalb *auf* jetzt, schauen wir uns an, was das Besondere am historischen Roman ist und was wir zum Schreiben historischer Werke wissen müssen.

I. Der Historische Roman als Genre
Kapitel 1: Geschichte und der historische Roman

Ist es nicht interessant, dass das Wort Geschichte nicht nur Historie bedeutet, sondern auch ein Synonym für Erzählung ist? Auch in der englischen Sprache enthält das Wort ›history‹ (Geschichte im Sinne von Historie) das Wort ›story‹, Geschichte im Sinne von ›Erzählung‹. Vielleicht eignet sich unsere Historie eben besonders gut als Erzählung und hat sich deshalb im Sprachgebrauch so entwickelt? Geschichte wird also zur Geschichte. Um Konfusion zu vermeiden, beziehe ich mich in diesem Ratgeber beim Wort Geschichte ausschließlich auf die Vergangenheit.

Schauen wir uns also zunächst näher an, was Geschichte ist:

Alles, was in der Vergangenheit liegt, ist Geschichte, doch uns interessiert in diesem Zusammenhang die Geschichte der Menschheit.

Je nach unserem Entwicklungs- und Erkenntnisstand ändern

sich Einstellung und Interpretation der Geschichte. Geschichte wird ausgelegt, hierhin und dorthin gedreht, bewundert und kritisiert, analysiert, beleuchtet, angebohrt, auseinandergezupft, immer in der Hoffnung, dass wir letztendlich die ultimative Wahrheit des Vergangenen entdecken. Doch Historiker widersprechen sich, argumentieren, rätseln und entwickeln neue Hypothesen – in jedem Jahrzehnt werden neue Erkenntnisse und Auslegungen publiziert, die das Alte neu aufrollen. Man denke an Atlantis, die sagenumwobene, verschollene Zivilisation, über deren Standort bis heute diskutiert und theoretisiert wird, oder Christopher Columbus, der längst nicht als Erster den Atlantik überquerte und mit ziemlicher Sicherheit nicht Amerika entdeckte, weil die Chinesen längst dort gewesen waren.

Eine objektive, absolute Wahrheit des Vergangenen ist eine Illusion.

Auch wenn ich in diesem Buch hin und wieder von neuen Wahrheiten spreche, dann handelt es sich eher um Erkenntnisse, die uns die Vergangenheit besser erklären, eine neue Aufbereitung oder Sichtweise zeigen, die den heutigen Menschen Geschichte schmackhaft machen. Doch Historiker sind keine Schriftsteller. Egal welche Informationen sie aufdecken, sie schaffen es selten, im Leser Gefühle wachzurütteln.

Das schafft nur der historische Roman – als Form der Kunst ist er ... eine kreative Bearbeitung des Vergangenen, die es sich zum Ziel macht, zu unterhalten, zu informieren und hoffentlich zu bereichern.

Wikipedia definiert einen historischen Roman »*als fiktionales Prosawerk, dessen Handlung in einer historischen Zeit spielt und geschichtliche Vorgänge und Personen ohne Anspruch auf wissenschaftliche Richtigkeit in belletristischer Form behandelt.«*

Ich stimme dieser Definition nur bedingt zu, denn dass ein Roman ohne Anspruch auf wissenschaftliche Richtigkeit geschrieben werden kann, ist schon allein problematisch, wenn wir wie oben diskutiert, nicht mal wissen, was richtig oder falsch ist.

Ich bin eher auf der Seite Johann Wolfgang von Goethes, der sagte, dass wir mit unserer Wahl, dem Schreiben einer vergangenen Geschichte, etwas in den Vordergrund stellen und gleichzeitig einiges im Dunkeln lassen. Ob absichtlich oder unbewusst, Geschichte ist immer subjektiv, wächst immer aus unserer modernen Sichtweise, egal wie viel Zeit wir mit dem Studium historischer Welten verbringen.

Letztendlich sollte für jeden Schriftsteller die Erzählung an sich an erster Stelle stehen.

Darin liegt ja gerade der Reiz, das Alte, Vergangene mit Hilfe von interessanten Figuren in eine spannende Handlung zu verwandeln. Sonst könnten wir genauso gut Historiker werden.

Trotzdem glaube ich, dass der Schriftsteller historischer Romane grundsätzlich das Ziel haben sollte, seine Erzählung authentisch und glaubwürdig zu entwickeln. Leser, und dazu gehören auch Historiker, die sich in einer bestimmten Epoche auskennen, werden grobe Fehler sehr schnell erkennen, sich darüber ärgern, vielleicht eine schlechte Rezension hinterlassen. Mit Sicherheit werden sie das Buch nicht an andere weiterempfehlen, und für die meisten Autoren, vor allem wenn sie nicht von großen Publikumsverlagen gefördert werden, ist die Mund-zu-Mund-Propaganda von enormer Wichtigkeit. Leser, denen die Werke eines Autors gefallen, werden gerne weitere Bücher kaufen und lesen. Manche entwickeln sich zu richtigen Fans, die jedes neu erschienene Buch des Autors sofort bestellen.

Welche und wie viele historische Abweichungen vertretbar sind, ist eine Frage der Abwägung. Es gibt kleine Fehler, große Unstimmigkeiten und dann gibt es solche Abänderungen, die der Autor absichtlich vornimmt. In letzterem Fall handelt es sich z.B. um Alternativgeschichte, aber die sollte in der Regel als solche von vornherein erkennbar sein. Absichtliche historische Abänderungen werden idealerweise als solche im Autorenkommentar am Ende des Werkes erklärt.

1.1 Das History Genre

Was ist denn nun ein historischer Roman? Wie unterscheidet sich das Genre von anderen? Die *Historical Novel Society*, eine internationale gemeinnützige Organisation, die sich für die Pflege und Förderung historischer Romane und deren Autoren einsetzt, bezeichnet solche Erzählungen als ›historisch‹, die mindestens 50 Jahre von der Gegenwart zurückliegen.

Stimmt das denn? Was spricht z.B. dagegen, die Geschichten der Wende, der deutsch-deutschen Wiedervereinigung (1989-1990), als historische Ereignisse zu definieren? Immerhin sind seit dieser Zeit mehr als 30 Jahre vergangen, nicht nur haben wir einen tieferen Einblick gewonnen, was damals vorgefallen ist, das Geschehene ist oft tief bewegend. Dass uns die Jahre des Kalten Kriegs, die Menschen hinter dem Eisernen Vorhang beschäftigen, sieht man auch an der hohen Zahl neuer Analysen, Romane und Filme, die das Thema aufgreifen. Der Begriff ›historisch‹ ist also eher ungenau, der Interpretation ausgesetzt, und verschiebt sich von Jahr zu Jahr.

Historische Welt als Kulisse

Manchmal verwechselt der beginnende Autor die historische Epoche mit dem Plot, deshalb möchte ich das hier ansprechen. Die historische Welt, die Epoche, sei sie auch noch so interessant, schrecklich, schockierend oder aufregend, ist NICHT der Plot.

Stattdessen dient die gewählte historische Zeit dem Roman als Kulisse, mit der der Plot verknüpft wird. So wichtig das richtige (Be-)Schreiben der historischen Welt ist, noch wichtiger und im Vordergrund stehen der Protagonist und seine Handlung, die Nebenfiguren und ihre Aktivitäten, die Erzählung selbst, die Entwicklung der Figuren und Handlungsbögen usw. – eine rundum gute Erzählung.

Deshalb sollte man sich das Thema des Plots gut überlegen. Hier unternimmt der historische Autor eine Gratwanderung. Auf der einen Seite muss ein Plot unabhängig von den historischen Ereignissen entwickelt werden, sozusagen auf eigenen Füßen stehen können, gleichzeitig beeinflussen die historischen Ereignisse Denken und Handeln der Figuren.

Genau darin liegt ja auch einer der Reize, nämlich die historische Zeit in die Erzählung einfließen zu lassen und sie mit dem Plot zu verknüpfen. Wenn man z.B. über Epochen mit Kriegen schreibt, dann sollte der Krieg selbst nicht als der Hauptplot hinhalten. Für die meisten Leser ist das Interesse an Schlachten längst geschwunden, doch sobald man das Kriegsgeschehen als *Kulisse* betrachtet, die sich zwar mit dem Geschehen verwebt, aber deren Figuren tiefgründige, auch gerne durch die historische Zeit hervorgerufene Konflikte erleben, zieht man den Leser mit und weckt u.U. bei großen Verlagen Interesse.

Wie wählt man also eine passende Epoche, eine historische

Ära, die nicht schon hundertmal in Romanen abgehandelt wurde? Hier sind ein paar Fragen, die bei der Analyse helfen.

Fragen: Epoche als Aufhänger des Plots

- Was an meiner Epoche ist einzigartig und unterscheidet sie von anderen Ären? Welche Vor- und Nachteile hat diese historische Zeit?
- Wie verändert meine Epoche Lebensweise, Denken und Handeln der Figuren?
- Wie macht meine Epoche den Figuren das Leben schwer? Protagonisten müssen leiden!
- Welche spezifischen geschichtlichen Ereignisse sind für meine Erzählung von Bedeutung ... kann ich für meinen Plot verwenden? Warum sind sie wichtig? Warum wähle ich sie für meinen Roman?
- Welche historischen Details kann ich einfließen lassen, die vielleicht noch nicht in anderen Romanen behandelt wurden?

  - Kann mein Protagonist einen ungewöhnlichen historischen Beruf ausüben?
  - Kann mein Protagonist an weniger bekannten Gefechten teilnehmen oder sich an einem ungewöhnlichen historischen Ort aufhalten?
  - Kann mein Protagonist ungewöhnliche Fähigkeiten besitzen?
  - Kann ich einen seltenen oder ungewöhnlichen historischen Aspekt näher beleuchten und in meiner Erzählung verarbeiten?

1.2 Historisch ist nicht gleich historisch - Unterkategorien historischer Romane

Oft haben Leser bestimmte Vorlieben, also Epochen, die sie besonders interessieren. Man kann also als Autor gleich zwei Neigungen vereinen, z.B. für Historie und für Fantasy. George R. R. Martin wurde mit seiner mittelalterlich angehauchten Fantasy-Serie Game of Thrones weltberühmt.

Wie viele unterschiedliche historische Spezialgebiete es gibt, ist schwierig zu bemessen. Thalia Online unterscheidet keine Unterkategorien. Amazon macht es dem Leser leichter und bietet für historische Romane folgende Subkategorien:

- Alternativweltgeschichte
- Biografien
- Christentum
- Fantasy
- Historische Krimis
- Judentum
- Kulturerbe
- Kurzgeschichten & Anthologien
- Militär

- Mystery

Für historische Jugendromane gibt es weitere Kategorien:
- Antike Zivilisationen
- Biografisch
- Erkundung & Entdeckung
- Holocaust
- Krimis & Thriller
- Militär & Kriege
- Mittelalterlich
- Modern & Zeitgenössisch
- Ur- & Frühgeschichte

Bei E-Books findet man folgende Kategorien:
- Biografisch
- Deutsch
- Fantasy
- Kulturgut
- Kurzgeschichten
- Mystery, Thriller & Spannung

Wo passt also mein Roman hin, welche Kategorien sind richtig? Diese Frage sollte man sich als Autor stellen, und zwar nicht erst dann, wenn das Manuskript fertig ist. Es lohnt sich in jedem Fall, die Kategorien des History-Genres zu studieren und zu analysieren, wo die eigene Idee für das historische Werk am besten hinpasst. Ideen zur Auswahl der Kategorien und wie man sie bei Amazon unterbringt, gibt es unter Tipps. Zu beachten ist auch, dass Amazon häufig Änderungen vornimmt, d.h. neue Kategorien listet oder andere verschwinden lässt. Auch kann man das historische Genre als Unterkategorie verstehen. Gehört also der Roman, in dem ein Mordfall in den 1920er Jahren aufgeklärt wird, eher zum Krimi oder historischen Genre?

Fragen: In welches Genre passt meine Erzählung?

- Historischer Roman
- Historischer Liebesroman (Unterkategorie Liebesromane)
- Historischer Thriller
- Historischer Krimi
- Alternativweltgeschichte und Zeitreisen (Unterkategorie des Science-Fiction-Genres)
- Historische Fantasy

Wer Genres kombiniert, wird sich nicht nur mit den Besonderheiten des historischen Schreibens auseinandersetzen müssen, sondern zusätzlich mit den Regeln des zweiten Genres. Liebesromane folgen gewissen Mustern, Krimi und Thriller ebenso. Es lohnt sich auf jeden Fall, sich mit den Eigenheiten des gewählten zweiten Genres vertraut zu machen.

Historische Romane von früher

Bücher von Jane Austen (1775-1817), der bekannten britischen Schriftstellerin aus der Zeit der Regency, gelten auch als historische Romane, obwohl Jane Austen damals aus einer zeitgenössischen Perspektive schrieb. Obwohl der moderne Autor nicht in diese Kategorie fallen kann, da er ja in unserer Zeit lebt, ist es durchaus von Vorteil, solche zeitgenössischen Quellen der gewählten Epoche, wenn es sie gibt, zu Rate zu ziehen – mehr dazu unter Sekundärquellen.

1.3 Länge des historischen Romans

In den USA rechnet man in Wortanzahl und die liegt bei historischen Romanen zwischen 70.000 und 100.000 Wörtern, was bei Amazon E-Books durchschnittlich 275 bis 350 Seiten bedeutet. Historische Werke sind oft länger als z.B. Krimis oder Liebesromane. Und gerade bei historischen Romanen gibt es richtig lange Erzählungen mit Seitenzahlen über 1.000. Die Vorliebe zu längeren Büchern ist eher in Deutschland zu erkennen, wo grundsätzlich mehr gelesen wird und Leser sich von dicken Wälzern nicht abschrecken lassen. Auf der anderen Seite gibt es jede Menge Autoren, deren historische Werke kaum 250 Seiten erreichen. Ich persönlich finde das etwas mager, doch letztendlich muss der Autor selbst entscheiden, wie lang sein Roman wird, ob er z.B. in Serie schreibt. Doch trägt ein alleinstehendes kurzes Werk u.U. dazu bei, den Leser zu enttäuschen.

Wer sein erstes Manuskript beim Verlag unterbringen will, sollte von allzu langen Manuskripten absehen. Der Grund ist rein wirtschaftlich. Dicke Bücher haben höhere Bearbeitungs- und Produktionskosten, wiegen mehr und nehmen mehr Platz auf den Regalen ein. Wenn sich das Buch schlecht verkauft, bleibt der Verlag auf einer teuren Investition sitzen. Allerdings scheinen auch Publikumsverlage inzwischen bereit, längere Werke zu prüfen – natürlich nur dann, wenn die Geschichte spannend und gut erzählt ist.

Gleichzeitig gibt es äußerst erfolgreiche Novellen, wie z.B. John Steinbecks »Of Mice and Men« – mit 68 Seiten ein Klassiker. Aber eine Geschichte zu verfassen, die es mit wenigen Seiten so in sich hat, gelingt auch nur versierten Autoren wie John Steinbeck.

Es gibt also Richtlinien und Durchschnitte, aber jede Regel kann man brechen. Wer ganz am Anfang steht und sich neu in das historische Genre hineinfindet, sollte sich nicht allzu weit von den Erwartungen der Leser, Lektoren und Verlage entfernen.

1.4 Veröffentlichung, Distribution und Verkauf

Wer unabhängig, also ohne Publikumsverlag Bücher veröffentlicht, muss sich überlegen, wo und wie er seine historischen Romane an die Leser bringt. Dazu gibt es jede Menge Online-Lektüre und Ratgeber. Auch persönliche und digitale Workshops zum Publizieren findet man im Netz. Wer sich direkt an einen Verlag wenden möchte, sollte sich auf mittlere bis kleine Verlage konzentrieren.

Wer sein Buch z.B. bei dtv, Ullstein oder Bastei Lübbe, also einem der großen Publikumsverlage unterbringen möchte, muss zunächst einen Literaturagenten für sich begeistern, der dann das Manuskript bei den Verlagen vorstellt. Welche Rolle Agenten spielen und wie man sie findet, wird ebenfalls in Sachbüchern, in Workshops und im Internet erklärt. Man sollte auf jeden Fall viel Zeit und Geduld mitbringen. Eine dickere Haut, um die Absagen oder das hartnäckige Schweigen der Agenturen zu ertragen, kann auch nicht schaden.

Amazon
Nach Schätzung des Börsenvereins des Deutschen Buchhandels beherrschte Amazon Deutschland bereits 2016/2017 mit 50-70 Prozent Marktanteil den deutschen Online-Buchmarkt, verkaufte allein im ersten Quartal 2019 Bücher im Wert von knapp 300 Millionen Euro. Im Vergleich dazu verzeichnete Thalia/Mayersche, der größte Buchhändler, 2019 einen Gesamtumsatz von 1,4 Milliarden Euro, allerdings mit Hilfe von 273 Filialen. Auch wenn man Amazons Geschäftsmodell nicht gutheißt, kann man es sich als unabhängig publizierender Autor nicht leisten, diesen wichtigen Markt als Distributionsmöglichkeit und zur Leserakquise zu ignorieren.

E-Buch, Paperback, Hardcover und Audio
Ein geschriebenes Werk gibt es in vielfältigen Formaten. Wer mit einem Verlag zusammenarbeitet, also nicht selbst publiziert, ist von den Wünschen des Verlages und vom Vertrag abhängig. Unabhängige Autoren, also solche ohne Literaturagenten oder Verlag, sollten ihre Werke in mehreren Formaten über verschiedene Distributionskanäle kostenlos publizieren.

Tipp

- Ein Buch immer mindestens in den Formaten E-Buch und Paperback herausbringen
- Ein Buch nie kostenlos anbieten

Druckverlage für unabhängige Autoren
Wie gerade erwähnt, sollte man immer die zwei Formate E-Buch und Paperback bedienen, denn viele Leser haben bestimmte Vorlieben. Um ein Paperback herauszubringen, nutzt der unabhängige Autor entweder eine Druckfirma, wie z.B. wir-machen-druck.de, und/oder einen Druckverlag. Wer ausschließlich eine Druckfirma beauftragt, muss seine Bücher

selbst vertreiben, denn er erhält die gewünschte Menge Bücher in Kisten verpackt, allerdings zu einem günstigen Preis.

Wer sich nicht selbst um die Distribution kümmern möchte und sichergehen will, dass sein Buch im Buchhandel zu finden ist, beauftragt einen Druckverlag. Es gibt inzwischen jede Menge Verlage für unabhängige historische Autoren, über die man im Internet einiges herausfinden kann. Wenn man Leser erreichen will, die im stationären Buchhandel einkaufen, muss man einen der Druckverlage nutzen. Das heißt konkret, dass ein Buch via ISBN in den Dateien des Buchhandels zu finden und zu bestellen ist. Es heißt nicht, dass ein unabhängig publiziertes Buch im Ladenlokal auf dem Büchertisch zu finden sein wird. Diese kostbare Verkaufsfläche ist mit wenigen Ausnahmen den großen Verlagen vorbehalten. Allerdings sollte man auf jeden Fall bei den lokalen Buchhändlern vorsprechen, vor allem, wenn man über lokale Geschichte geschrieben hat, und sehen, ob man einige Exemplare dort unterbringen kann oder der Händler bereit ist, Bücher zu bestellen und auszulegen.

Verlage wie BoD, epubli, Neobooks, tredition, Bookmundo, Tolino Media und BookRix (nur E-Books) bieten unabhängigen Autoren kostenlos oder für wenig Geld die Möglichkeit, ihre Werke zu drucken und auf dem Markt anzubieten. Jeder dieser Verlage operiert mit unterschiedlichen Vertragsbedingungen, die man ebenfalls beachten sollte. Auch über das unabhängige Publizieren gibt es jede Menge Bücher und Informationen im Internet.

Zuschuss- oder Pseudoverlage
Zuschussverlage sind die Bluthunde der Verlagsindustrie. Sie arbeiten unter dem Deckmantel ansprechender Namen wie z.B. Novumverlag oder August von Goethe Literaturverlag. Sie verlangen oft hohe Gebühren für Druck, Formatierung,

Minimumabnahme von Büchern und Marketing. Es gibt heutzutage keinen Grund mehr, viele hundert oder tausend Euro für die Publizierung eines Buches auszugeben. Falls man unsicher ist – die Zuschussverlage verstecken sich hinter professionell aussehenden Webseiten – findet man im Internet ausführliche Listen und Beschreibungen der Zuschussverlage.

Tipp

Vorsicht, wenn ein Verlag allzu enthusiastisch das Manuskript anfordert. Ein seriöser Verlag übernimmt die Kosten des Verlegens, einschließlich des Lektorats, Drucks und der Distribution, tritt aber fast niemals auf Autoren zu.

1.5 Das Besondere am historischen Roman

Jeder Roman verbindet drei grundsätzliche Teile: Figuren, Handlung und Dialog. Doch historische Erzählungen müssen noch mehr leisten als zeitgenössische Romane, denn sie nutzen vergangene und damit zumindest zum Teil – je nachdem, wie weit zurück die Geschichte spielt – bekannte historische Ereignisse, Stätten und Personen, wobei der Autor Leben, soziale Missstände und die Probleme der damaligen Zeit beleuchtet, vielleicht sogar neue Erkenntnisse aufspürt.

Anstatt einer erfundenen Welt bedient sich der historische Autor einer bereits bekannten bzw. studierten und analysierten Welt, u.U. bekannter historischer Handlungen, Orte und Persönlichkeiten, die sich relativ unflexibel darstellen, d.h. dem Autor viele Richtlinien vorgeben. Gleichzeitig bieten diese Richtlinien eine Art Gerüst, in dem Protagonist(en) und Plot *arrangiert* werden können, das der Handlung eine gewisse, auch zeitliche Struktur verleiht. Das kann durchaus von Vorteil sein, denn man nutzt ja Informationen – Personen und Handlungen –, die es bereits gegeben hat und die aller Wahrscheinlichkeit nach bereits von Historikern, Sach- und Romanautoren behandelt wurden.

Auf der anderen Seite widersprechen sich die veröffentlichten Informationen häufig. Die Meinungen der Historiker gehen auseinander, es existieren unterschiedliche Analysen und Interpretationen. Und ein Autor muss nicht nur entscheiden, welcher Auslegung er folgen möchte, er muss wie ein Drahtseiltänzer entscheiden, ob er einerseits die Geschichte für moderne Leser mit modernen Auffassungen verständlich ausrichtet oder versucht, die historischen Einstellungen und Ansichten der damaligen Menschen nachzuempfinden. 100 Prozent gelingen wird ihm weder das eine noch das andere.

Letztendlich ist der historische Roman nichts als eine historische Auslegung, eine Interpretation des Vergangenen, die für unsere moderne Denkweise verständlich aufgearbeitet wird.

Der historische Schriftsteller macht es sich also zum Ziel, sein Werk glaubwürdig und richtig, d.h. der tatsächlichen Geschichte nach bestem Ermessen anzupassen. Authentizität wird aber nur erreicht, wenn man sich hinreichend und detailliert mit der historischen Materie beschäftigt.

1.6 Das Missverständnis vom Reichwerden

Ich veröffentliche seit über sieben Jahren, habe zwei Literaturagenten und einen Verlag ausprobiert, habe historische Bücher in englischer und deutscher Sprache auf dem Markt, d.h., meine Leser befinden sich hauptsächlich in den USA und in Deutschland.

Obwohl ich mit dem Verkauf und der Resonanz bei meinen Lesern sehr zufrieden bin und weiterhin meinen Beruf liebe, wundere ich mich manchmal über meine Mitmenschen. Zum einen scheinen manche zu glauben, man würde mit der Veröffentlichung eines Romans automatisch, sozusagen über Nacht, ›wohlhabend‹ – also gut, wenn nicht wohlhabend, dann zumindest ein hervorragendes Auskommen erzielen.

Es gibt immer mal wieder einen Autor, der mit seinem Debüt in die höchsten Höhen des Buchverkaufs gelangt. Da wird gar von sechs- und siebenstelligen Tantiemen-Vorauszahlungen gesprochen. Gerade solche Erfolgsgeschichten von fast augenblicklichem Ruhm und gefüllten Bankkonten sprechen sich auch gerne herum. Und wer träumt nicht hin und wieder vom Reichwerden?

Doch hier kommen ein paar Zahlen, die die Buchindustrie und den Beruf des Autors ein wenig zurechtrücken. In den USA wurden 2019 vier Millionen neue Bücher publiziert, das entspricht knapp 11.000 pro Tag. Amazon Deutschland bietet mehr als 22 Millionen Bücher zum Verkauf, in den USA sind es zurzeit 33 Millionen.

Selbst wenn man das tollste Buch der Welt geschrieben hat, heißt das noch lange nicht, dass viele Leser es finden werden. ›Discoverability‹, also die Entdeckbarkeit eines Buchs, ist bei der überwältigenden Masse an Lesestoff schwierig geworden. Wenn man überlegt, wie viele Bücher der Durchschnittsleser pro Jahr konsumieren kann – in den USA liegt der Durchschnitt bei zwölf Büchern –, dann sieht man, wie unwahrscheinlich es ist, ›groß‹ entdeckt zu werden. Deshalb arbeitet so mancher Autor im regulären Beruf und schreibt nebenbei.

Das heißt allerdings nicht, dass Autoren nicht wunderbar vom Geschriebenen leben können. Vor allem Serien finden eher und langfristiger Erfolg als Einzeltitel – sofern der erste Band richtig gut ist und Leser gar nicht umhinkönnen, das nächste Buch zu kaufen, weil sie wissen wollen, wie es weitergeht. Doch millionenstarke Verkaufszahlen sollte man nicht erwarten. Man kann sie sich vornehmen, sich Ziele setzen, doch letztendlich entscheiden, auch wenn das Buch hervorragend geschrieben ist, Leser, Markt, Marketing, Konkurrenz, Trends, Mentoren, Timing und Glück, wie erfolgreich ein Buch wird. Vielleicht kennt der Autor einen Literaturagenten oder bekannten Schriftsteller, der ein gutes Wort beim Verlag einlegt oder eine glühende Rezension schreibt. Vielleicht wohnt nebenan ein Instagram- oder YouTube-Influencer, der mit seiner Empfehlung für das neue Buch gleichzeitig viele tausend Menschen erreichen kann. Damit ist die erste Hürde genommen. Ob es dann zu fünf- oder sechsstelligen Verkaufszahlen kommt, hängt von der Qualität des Werkes ab. Ein richtig gutes Buch findet auch über Mund-zu-Mund-Werbung neue Leser.

Wer es in einen Publikumsverlag schafft, der wird die Aufmerksamkeit der Medien und u.U. Marketingunterstützung erhalten. Auch das ist heute nicht mehr selbstverständlich, da viele Verlage unter der Flut der unabhängig veröffentlichten Bücher leiden, die schmerzhaft in ihre Profite schneiden. Zumindest landen traditionell veröffentlichte Bücher eher im konventionellen Buchhandel, werden Käufern auf Tischen präsentiert. Wenn sich ein solches Buch aber schleppend verkauft, wandert es schon nach wenigen Monaten in Warenhäuser und wird zu Billigpreisen verramscht.

Die Tantiemen eines vom Verlag veröffentlichten Buches liegen weitaus niedriger als beim Selbstpublizieren. Es haben eben wesentlich mehr Organisationen die Hände im Topf und der Autor muss sich am Ende mit Provisionen von 5 bis 8 Prozent des Nettoverkaufs begnügen – das sind bei einem Paperback vielleicht 40 Cent. Über Verträge mit Verlagen und Tantiemen-Berechnung gibt es viele gute Informationen im Internet. Man hat über den Verlag potenziell die Möglichkeit, viel mehr Leser zu erreichen, muss aber wesentlich mehr Bücher umsetzen, um vom Verkauf leben zu können. Dies gilt für historische Romane genauso wie für andere Genres.

Kapitel 2: Der Autor historischer Romane

Doch was unterscheidet den Schriftsteller historischer Romane von anderen Genreautoren – oder welche drei Komponenten bringt der Autor historischer Romane idealerweise mit?

Autoren sind Künstler und daher manchmal ein wenig sonderlich, aber Autoren historischer Werke gehören in eine ganz besondere Sparte. Auf der einen Seite neigt der historische Autor zur Analyse und verliert sich gerne in der Recherche kleinster historischer Details. Er besitzt also eine stark entwickelte linke Hirnhälfte, gleichzeitig ist er künstlerisch aktiv, kreiert und hat daher eine aktive rechte Hirnhälfte. Es ist diese Kombination, die den Autor historischer Werke von anderen unterscheidet. Vielleicht genießt er es einfach, sich selbst zu quälen, nicht nur mit dem ohnehin komplizierten Unterfangen, eine gute Erzählung zu schreiben, sondern sich darüber hinaus intensiv mit der komplexen historischen Materie zu beschäftigen.

Liebe für Recherche
Der Verfasser historischer Romane *verschwendet* Wochen, oft

Monate und manchmal Jahre mit der Recherche historischer Personen, Handlungen und Welten, *bevor* er überhaupt ein Wort zu Papier bringt. Er wühlt sich durch Archive, liest Geschichtsbücher, Romane anderer Autoren - mehr dazu später -, was dazu führt, dass er wesentlich länger braucht, ein Manuskript zu verfassen. Es ist nicht selten, dass Autoren von Liebesromanen, dem in den USA am meisten gelesenen Genre, sechs oder mehr Bücher pro Jahr schreiben und publizieren. Nicht nur sind Liebesromane kürzer, sie folgen einem festen Schema und bedürfen mit Ausnahme des historischen Romance-Genres keiner detaillierten Recherche in vergangene Zeiten.

Doch die analytische Seite der historischen Recherche, das Eintauchen in die Vergangenheit, das Begreifenwollen und in sich Aufsaugen der vergangenen Epoche ist genau das, was einen historischen Autor anzieht. Das führt manchmal zu einem Dilemma.

Ich kenne Menschen, die sich so von der historischen Materie einfangen lassen, dass sie nie so weit kommen, das Manuskript zu beginnen bzw. zu Ende zu führen. Da ist immer noch etwas, was sie studieren wollen, nachlesen müssen, damit sie die fundierte Basis erreichen, um mit dem Schreiben zu beginnen. Und so schwingen sie sich von Sachbuch zu Sachbuch, reisen und lesen, stöbern in Archiven und machen Notizen. Vielleicht schreiben sie die ersten Seiten und dann ... ist die Luft raus.

Es gibt also einen Punkt, an dem man die Recherche zur Seite legen *muss* und man sich dem ›Butt in Chair‹-Prinzip (so viel wie der Hintern gehört auf den Stuhl) unterwerfen muss.

Wann man mit dem Schreiben beginnt, d.h. viele Informationen notwendig sind, damit man mit dem Schreiben beginnen kann, schauen wir uns noch näher an.

Liebe zum Schreiben
Wer also professionell schreiben oder zumindest ein qualitativ gutes Werk verfassen will, dem sollte das Schreiben an sich Spaß machen, und zwar unabhängig davon, wie viel Einkommen er daraus irgendwann gewinnen kann. Denn eins ist sicher: Niemand weiß, wer den nächsten Bestseller schreibt. Das wissen nicht mal die großen Verlage, die sich mit nichts anderem beschäftigen. Die New York Times berichtete kürzlich, dass 98 Prozent der von den großen, amerikanischen Publikumsverlagen im Jahr 2020 herausgegebenen Bücher weniger als 5.000 Exemplare verkauft haben. Das heißt, dass diese 98 Prozent, also viele tausend Bücher, für die Verlage aufgrund der hohen Bearbeitungs- und Druckkosten ein Verlustgeschäft bedeuteten.

Von den tausenden Büchern, die täglich auf den Markt kommen, schaffen es nur wenige auf die Bestsellerlisten. Und in der Regel überrascht es die Verlage genauso wie die Autoren. Aber um ein Auskommen als Autor historischer Romane zu erreichen, muss man nicht auf die Bestsellerlisten. Es reicht, wenn man qualitativ gute Geschichten schreibt und sich eine treue Leserschaft aufbaut. Wie bereits erwähnt eignen sich Serien besonders gut, nicht nur weil man damit seine Leser bei der Stange hält, sondern auch, weil die Recherche in der Regel für die gesamte Serie gilt. Dass das Zeit braucht, ist logisch. Dass es mehrere Bücher erfordert, um dies zu erreichen, leuchtet ebenfalls ein. Aber man braucht nicht so lange, wie manche vermuten. Es hängt letztendlich von der Motivation des Autors ab, wie viel Zeit er für das Erlernen der Schreibkunst, die Recherche, das Schreiben und den Vertrieb aufbringen will bzw. kann.

Letztendlich ist es egal, wie historisch perfekt recherchiert das

Buch ist, wenn es nicht unterhält, gut bzw. spannend geschrieben ist, wenn der Autor nicht den wichtigen Regeln der Schreibkunst folgt, dann wird sich das Buch nicht erfolgreich verkaufen.

Tiefes Interesse an Geschichte
In meiner Schulzeit hat mich Geschichte nicht interessiert. Zum Teil mache ich dafür meine Geschichtslehrer und die damals zur Verfügung stehenden Geschichtsbücher verantwortlich. Ich erinnere mich noch heute an eine Frau D., deren sonore Stimme mich in den Schlaf wiegte, wenn sie irgendwelche Geschichtszahlen langvergessener Schlachten wiedergab. Die Schulbücher waren gestrotzt voll mit Beschreibungen irgendwelcher Politiker, Eroberungen, Gebietsverschiebungen. Selbst die Erzählungen meines Großvaters Willi, der nach dem Zweiten Weltkrieg acht Jahre in russischen Gulags verbrachte und erst 1953 heimkehrte, interessierten mich nicht. Damals.

Ich will damit sagen, dass das Interesse für ein bestimmtes Thema auch später im Leben auftauchen kann. Vielleicht ist dazu für manche, wie z.B. für mich, eine gewisse Reife notwendig. Bei mir begann alles mit den Erinnerungen meiner Eltern als Kriegskinder des Zweiten Weltkriegs. Das war 2003. Was mich die Interviews und die detaillierten Beschreibungen meiner Eltern lehrten, war, dass man Geschichte so nahe und persönlich machen kann, dass sie unter die Haut geht. Dann ist es unerheblich, in welcher Epoche die Erzählung stattfindet, ob berühmte Persönlichkeiten oder unbekannte Helden Abenteuer erleben.

Ein historischer Roman soll begeistern, informieren, das Vergangene zugänglich machen, ja vielleicht aufbereiten.

Der Leser taucht ein und begleitet die Protagonisten auch

emotional. Wenn eine Geschichte einen Eindruck hinterlässt, wenn sie den Leser dazu anstiftet, während und/oder nach der Lektüre darüber nachzudenken, vielleicht sogar anderen davon zu erzählen, dann ist das Werk erfolgreich – selbst wenn es kein Bestseller wird.

Kapitel 3: Warum uns die Vergangenheit fasziniert

Doch warum interessiert uns die Vergangenheit? Warum kümmert uns, was längst geschehen und vorbei ist? Wollen wir nicht nach vorne schauen und das Alte vergessen? Umfragen ergeben, dass Leser historischer Werke unterschiedliche Beweggründe haben, warum sie Historisches lesen und welche Epoche(n) sie bevorzugen.

Über vergangene und fremde Kulturen lernen
Viele Leser wollen bei und von der Lektüre etwas lernen. Unser tägliches Leben mit den hohen Anforderungen von Beruf, Familie, Sozialleben, Sport und Unterhaltung lässt uns wenig Zeit. Deshalb liegt es auf der Hand, dass manche Leser diese Zeit sinnvoll nutzen und in ihrer knappen Freizeit etwas Neues dazulernen möchten. Sie wünschen sich, ihr Leben mit historischen Fakten zu bereichern.

Uns selbst besser begreifen
In diesem Zusammenhang gibt uns die Aufarbeitung des Vergangenen ein besseres Verständnis für uns selbst. Wie wir

heute leben, ist ein Resultat vieler historischer Ereignisse, zum einen der Natur, aber vor allem der Menschheitsentwicklung. Das heutige Deutschland ist ein Produkt vergangener Geschehnisse, die zum Teil noch heute deutlich nachwirken. Man denke an den Zweiten Weltkrieg oder die Wiedervereinigung. Unsere heutige Politik, unsere Gesetzgebung werden täglich durch die damaligen (Un-)Taten beeinflusst.

Hinzu kommt, dass viele Menschen mehr über eine vergangene Zeit wissen wollen, weil sie selbst von Eltern und Großeltern keine vernünftigen Antworten über ihre Familiengeschichte erhalten haben. Dies gilt z.B. für Familien, deren Vorfahren den Zweiten Weltkrieg erlebt haben. Vielleicht gab es Familienmitglieder in der NSDAP, die aktiv für Hitler gekämpft haben. Vielleicht gehören sie zu den 14 Millionen vertriebenen Deutschen oder haben als Kriegskinder schreckliche Bombenkriege erlebt, über die sie nicht sprechen konnten. Ein gut aufgearbeitetes historisches Werk kann helfen, solche Fragestellungen zu beantworten.

Noch wichtiger ist, dass wir hoffentlich aus der Vergangenheit lernen. Gerade die deutsche Geschichte ist dank Hitlers schrecklicher Herrschaft problembeladen. Immer noch beschäftigt uns, wie es zum Holocaust kommen konnte, wie ›normale‹ Menschen zu menschenverachtenden Wesen wurden und ihre Nachbarn anzeigten, einsperrten oder ermordeten. Wie (fast) ein ganzes Volk begeistert an Hitlers Lippen hing, wenn er ein Großdeutschland versprach, Juden und Minderheiten als ›Unter‹menschen krimineller Handlungen bezichtigte und ihre Zerstörung normalisierte.

Immer wieder zeigt sich in unserer modernen Gesellschaft, wie schnell das Vergangene vergessen wird. Neonazis und AfD zeigen sich mit neuer Energie. In den USA wird Donald J.

Trump zum Präsidenten gewählt, ein Mann, der rechtsradikale Organisationen öffentlich lobt und unterstützt. In deutschen Schulen wird das Dritte Reich in wenigen Stunden abgehandelt.

Unsere Gesellschaft *braucht* historische Geschichten, die uns an Unangenehmes erinnern und uns bei der Aufarbeitung helfen. Historische Geschichten wirken gegen das Vergessen und tragen hoffentlich dazu bei, dass sich so manche schreckliche Vergangenheit nie wiederholt.

Epigenetik

Es gibt noch einen weiteren Grund für das Interesse an vergangenen historischen Ereignissen. Die Epigenetik, ein Bereich der Biowissenschaften, hat bewiesen, dass Menschen Kriegs- und andere Traumen (ver)erben können. In unserem Kontext bedeutet das, dass die heutigen Generationen u.U. Traumen von vorherigen Generationen geerbt haben. Meine Generation gehört z.B. zu den Kriegsenkeln und wir tragen genetische Manifestationen von Kriegstraumen, die unsere Eltern als Kriegskinder im Zweiten Weltkrieg erlebt haben. Natürlich gibt es dieses Phänomen in der ganzen Welt, gerade auch heute bei Flüchtlingen.

Ein Trauma hinterlässt einen chemischen Marker auf den Genen einer Person, der an Folgegenerationen weitergereicht werden kann. Es handelt sich nicht um Genmutationen, sondern die Marker verändern die Mechanismen, mit denen Gene in funktionierende Proteine konvertiert werden oder sich äußern. Die Veränderung ist nicht genetisch, sie ist epigenetisch.

Die Epigenetik untersucht, wie unser Verhalten und unsere Umgebung Veränderungen verursacht, die wiederum beeinflusst, wie unsere Gene arbeiten.

Ich glaube, es ist wichtig zu verstehen, dass wir u.U. Narben vergangener Generationen in uns tragen. Das ist einer der vielen Gründe, warum ich so gerne in unserer Vergangenheit stöbere und auch anderen helfen möchte, Vergangenes zu begreifen. Hat die Großmutter als kleines Mädchen während des Zweiten Weltkriegs schlimme Bombenangriffe erlebt und zitternd im Bunker auf den Tod gewartet, hat der Großvater Erschießungen der SS miterlebt oder war selbst Soldat und hat Unmenschliches tun müssen? Weil viele Nachfahren epigenetische Traumen ihrer Familien in sich tragen, sind sie oft neugierig, vielleicht sogar unbewusst, was in der Vergangenheit passiert ist.

Historische Geschichten als spannende Unterhaltung
Viele Leser geben an, dass sie historische Romane zur Unterhaltung lesen. Denn Bücher bieten ja genau das: Sie unterhalten und entführen in eine andere Zeit. In der Tat werden beim Lesen dieselben neurologischen Regionen im Gehirn stimuliert, ob es sich dabei um eine echte Erfahrung handelt oder man ein Buch liest. Für mich bedeutet Lesen eine Art Entkommen. Gerade in Zeiten der Isolation oder größeren Stresses lädt das Buch zur Wanderung in eine andere Zeit ein. Eine Geschichte bietet somit viele Erfahrungen, durch die man verschiedene Abenteuer und Schicksale miterleben kann.

Egal, mit welcher Motivation der Leser einen historischen Roman aufgreift, wir können davon ausgehen, dass er neben einer gut geschriebenen Erzählung historisch fundierte Informationen erwartet. Gut geschriebene historische Romane ermöglichen Lesern tiefgehende Erfahrungen, sie erleben die Vergangenheit sozusagen hautnah.

Wer liest historische Romane? - Zielgruppen
Ein Autor sollte wissen, wer seine Bücher liest, damit er sein

Marketing, seine Werbeaktionen effektiv ausrichten kann.

Dank der statistischen Analyse des Buchhandels gibt es über die Leser der einzelnen Genres einiges an Informationen. Außerdem bieten Plattformen wie Facebook und Instagram Analysemöglichkeiten. Da sieht man z.B., welche Altersgruppen der eigenen Autorenseite folgen, die Aufteilung in Männer und Frauen. In Deutschland lesen fast so viele Männer wie Frauen historische Romane. In den USA sind es weit mehr Frauen.

Aus den veröffentlichten Statistiken ergibt sich, dass die Durchschnittsleser historischer Bücher älter sind, je nach statistischer Quelle schwanken die Zahlen zwischen 25 Prozent und 40 Prozent. Die am meisten lesenden Altersgruppen sind

- 50-69 Jahre und
- 40-49 Jahre alt.

Nicht erstaunlich, da viele Menschen erst mit zunehmendem Alter ein Interesse an historischen Geschichten entwickeln. Trotzdem ist eines meiner erfolgreichsten Bücher eine Novelle des Zweiten Weltkriegs für den Jugendmarkt. Dabei handelt es sich um die wahre Geschichte meines Vaters, der im März 1945 im Rahmen des Volkssturms eingezogen wurde und sich mit seinem Freund Helmut sieben Wochen – bis zum Ende des Krieges – im Wald versteckte. Das klingt nicht sonderlich aufregend, war aber damals unglaublich mutig. Denn keiner wusste ja, wie lange der Krieg noch gehen würde. Und die letzten Fanatiker der SS und HJ erschossen jeden, den sie der Fahnenflucht verdächtigten.

Historische Geschichten auch für junge Menschen
Es gibt also durchaus einen Markt für junge Leser, die historische Geschichten mögen, und es gibt einen robusten

Schulmarkt, der zur Ergänzung des Unterrichts historische Geschichten sucht. Viele ältere Leser bevorzugen Jugendliteratur, weil dort sexuelle Themen und brutale Gewalt seltener vorkommen. In den USA liegt der Anteil der Erwachsenen für Jugendliteratur bei 55 Prozent.

Weibliche Protagonisten für Leserinnen
Auch entwickelten sich im letzten Jahrzehnt historische Romane mit Protagonistinnen zu Bestsellern, deren Berufe bzw. Rollen bereits auf den Covern zu erkennen sind. Iny Lorentz' Die Wanderhure oder Sybille Conrads Die Goldmacherin verfolgen ganz konkret Leserinnen als Zielgruppe. Beide Beispiele fallen in das Genre historischer Liebesroman, das sich großer Nachfrage erfreut, allerdings nicht allen Autoren gefällt oder liegt. Ich verarbeite gerne Liebesbeziehungen in meinen historischen Romanen, weil solche Beziehungen viele Erzählungen bereichern, doch übernehmen sie im Plot eher eine Nebenrolle.

Wer sich seiner Zielgruppe sicher sein will und wem Liebesromane gefallen, der wird auf eine dankbare weibliche Leserschaft zählen können.

II.   Historische Welten erkunden
Kapitel 4: Themen historischer Romane/beliebte Epochen

Dem historischen Autor stehen schier unendliche historische Orte und Epochen zur Wahl. Unsere Vergangenheit besteht aus Konflikten, Leid, Triumphen und Schicksalen, die schier Unmenschliches durchgestanden haben. Ob es sich um berühmte, berüchtigte, echte Personen handelt oder um unbekannte Helden, spielt keine Rolle.

Der Autor kann aus vielen Epochen der deutschen Gebiete wählen, er kann sich die Geschichte anderer Länder/Regionen vornehmen. Man sollte sich allerdings überlegen, ob es ausreichendes und verständliches Material gibt, eine fremdsprachige Region/Handlung zu recherchieren. Wenn man ausschließlich auf deutschsprachige Hintergrundinformationen angewiesen ist, kann dies ein Problem sein, denn man kann ja nur verwenden, was entweder übersetzt wurde oder womit sich ein deutschsprachiger Historiker beschäftigt hat.

Nehmen wir z.B. ein Land wie Spanien und sagen wir, dass wir über den spanischen Bürgerkrieg (1936-1939) und die nachfolgende Diktatur Francisco Francos (1939-1976) schreiben wollen. Wie viel aussagekräftiges Material ist in Deutsch verfügbar? Benötigen wir einen spanischen Übersetzer? Oft ist es notwendig, an Ort und Stelle, in historischen Archiven zu arbeiten, Menschen zu interviewen, Originaltexte zu lesen. Kann man überhaupt ein echtes Verständnis für die Spanier der damaligen Zeit entwickeln? Noch komplizierter ist es, Geschichten in weiter entfernten Regionen aufzuspüren. Allein die räumliche Distanz macht es schwierig, sich in die lokale Situation ›einzufühlen‹.

Man sollte sich auch fragen, ob die Epoche und die Geschichte, über die man schreiben will, für den Durchschnittsleser historischer Romane interessant ist. Es gibt Themen, die eine Mehrheit von Lesern interessieren, oft auch dann, wenn sie einen deutschen Bezug haben. Das heißt nicht, dass es für weniger bekannte oder ausgefallene Themen keine Leser gibt, es kann aber bedeuten, dass das Buch allein aufgrund des engen Fokus und der raren Thematik weniger oft gekauft wird. Wem potenzielle Verkaufszahlen egal sind, der wird sich für Epoche und Thema entscheiden, die ihm am Herzen liegen.

Bei Thalia oder Amazon kann man im Internet nach historischen Romanen suchen und sich einen Eindruck über den derzeitigen (Bestseller-)Markt verschaffen.

Fragen: Marktanalyse

- Welche Epochen und Themen werden behandelt?
- Wer sind die Protagonisten? Historische oder erfundene Personen?
- Über welchen Zeitraum spielt die Geschichte?

- Welche durchschnittliche Seitenzahl haben die Werke?
- Wie viele Rezensionen in welchem Zeitraum hat der Autor für das Buch erhalten?

Man kann auch die Ränge der Bestseller analysieren und feststellen, welche Ära gerade besonders beliebt ist. Natürlich hängt der Erfolg eines Buches nicht allein von einer geschichtlichen Epoche oder einer interessanten historischen Persönlichkeit ab. Immer geht es beim historischen Roman um die Qualität des Erzählens.

Eine besonders beliebte Epoche, über die es bereits viele beliebte Romane gibt, verspricht zwar viele potenzielle Leser, bedeutet aber gleichzeitig hohe Konkurrenz. Deshalb ist es überaus wichtig, einen neuen, frischen Ansatz zu suchen, der sich von anderen Veröffentlichungen unterscheidet. Gleichzeitig bietet eine weniger bekannte und beliebte Epoche mehr Möglichkeiten, sich positiv herauszuheben und Leser auf sich aufmerksam zu machen. Allerdings gibt es vielleicht für diese Epoche weniger Nachfrage und damit von vornherein weniger Verkäufe.

Soll ich denn nach Markt schreiben?
Nach Markt schreiben heißt, das aktuellste Thema aufzugreifen. Zum Beispiel schaut man sich die aktuellen Spiegel-Bestseller an ... Anfang 2021 sind das z.B. Romane des späten 19. und beginnenden 20. Jahrhunderts mit unbekannten bzw. erfundenen, weiblichen Protagonisten. Wenn man schnell schreibt und unabhängig publiziert, dann kann man es u.U. schaffen, sein Werk in den Topf einer beliebten Epoche zu werfen. Denn zufriedene Leser, die eine bestimmte Zeit bevorzugen, suchen oft nach Ende der Lektüre nach weiteren ähnlichen Büchern. Allerdings kommt auf die Spiegel-Bestseller-Liste nur ein über einen Verlag

veröffentlichtes Buch, da der Buchhandel die am meisten verkauften Bücher für diese Liste zusammenstellt.

Stephenie Meyers Vampir-Serie, die 2005 mit *Bis(s) zum Morgengrauen* begann, brachte eine Welle von Vampir-Romanen auf den Markt, die bis heute nicht abgerissen zu sein scheint. Auch das Mittelalter wurde mit der von Rebecca Gablé 1996 begonnenen *Waringham Saga* zu einer vielgefragten Epoche und der Zweite Weltkrieg bleibt weiter aktuell. Man kann also versuchen, besonders erfolgreiche Ären und Themen aufzugreifen und sie zu nachzuahmen.

Letztendlich glaube ich, dass man ein Thema, ein Land und eine Zeit wählen sollte, die einen selbst interessiert. In der Regel hat der Autor bereits Vorlieben für eine bestimmte Ära, ein Thema, das ihn nicht loslässt. Persönliche Vorgeschichte, Familie, Reisen, Hobbys, Beruf und Erfahrungen beeinflussen die Wahl. Der eigene Enthusiasmus führt zu einer viel engeren und tieferen Verbindung mit der Materie, die sich in der geschriebenen Arbeit niederschlägt. Das gilt vor allem für neue(re) Autoren, denn nicht nur muss man die richtige und ausführliche Recherche durchführen, man muss auch die für das Romanschreiben geltenden Regeln lernen und in die Geschichte einfließen lassen. Das ist ohnehin ein kompliziertes und langwieriges Unterfangen.

Tipp Schreibübung

Wenn einem auf Anhieb nichts Ordentliches einfällt oder man sich nicht entscheiden kann, worüber man schreiben soll, dann schreibt man (sich) frei:

- Notizbuch
- Fünfzehn Minuten einfach schreiben, was einem in den Sinn kommt
- Ohne zu kommentieren, ohne Kritik

• Mehrfach über Wochen wiederholen

Die Idee ist, dass man dem Unterbewusstsein freien Lauf lässt. Diese Übung bringt oft Dinge zutage, die einem bei der Entscheidung helfen.

Wenn man dann einige Manuskripte hinter sich hat, kann man überlegen, welche Themen und Epochen gerade nachgefragt werden und ob man es wagen soll, ein weiteres Buch zu produzieren, in der Hoffnung, dass Leser es finden. Wer mittels Literaturagent (ein weiteres Thema, das eines separaten Buchs bedarf) einen Publikumsverlag findet, der sollte so oder so nicht nach Markt schreiben. Denn vom Manuskript bis zum publizierten Buch vergehen in der Regel 18 bis 24 Monate. Ein heißer Trend ist bis dahin längst weitergezogen.

Ein weiterer Punkt ist die Verfügbarkeit von Material bzw. die Möglichkeit, sich an den Orten des Geschehens selbst ein Bild zu machen, in Archiven zu wühlen oder Ruinen zu besichtigen. Darüber, wo und wie man Informationen sammelt, habe ich weiter unten noch einiges zu sagen.

Wer ganz am Anfang ist und sich fragt, welche Epochen denn nun zur Wahl stehen, hat schier unendliche Möglichkeiten. Interessante Epochen sind z.B. Altertum, Frühgeschichte, Altes Ägypten, Mesopotamien/Babylon, Antike, Mittelalter, Frühmittelalter, Merowinger/Karolinger, Kreuzzüge, Rosenkriege, Hochmittelalter, Spätmittelalter, Wikinger, Inkas, Mayas und Azteken, Hundertjähriger Krieg, Frühe Neuzeit, Zeitalter der Entdeckungen, Renaissance/Reformation, Dreißigjähriger Krieg, Zeitalter Ludwigs XIV., Aufklärung, Französische Revolution, Hexenverfolgung, 19. Jahrhundert, Napoleon, Wilder Westen, Bürgertum/Biedermeier, Viktorianismus, Kolonialismus, Industrialisierung, Kaiserreiche, 20. Jahrhundert, Erster und

Zweiter Weltkrieg, Weimarer Republik, Goldene Zwanziger, Weltwirtschaftskrise, Vietnamkrieg und Deutsch-deutsche Wiedervereinigung.

Fragen: Wahl der Epoche

- Welche Epoche interessiert mich besonders und warum?
  - Was weiß ich bereits über diese Zeit – Allgemeines, spezifische Details?
    - Bin ich bereits an diesem Ort gewesen?
- Wie leicht ist es, über diese Epoche Informationen zu bekommen?
  - Ausland/Inland
  - Entfernung vom eigenen Wohnort
  - Hauptsprache potenzieller Quellen
  - Von Historikern hinreichend analysiert
- Gab es in dieser Zeit interessante historische Ereignisse und/oder Personen?
- Welche(n) Protagonisten würde ich wählen und warum? (echte oder fiktive Person)
- Wie viele erfolgreiche historische Romane gibt es über diese Zeit?
- Hat ein Autor eine biografische Person aufgegriffen, die ich ebenfalls verwenden will?
- Gibt es bereits Romane, die ein ähnliches Thema behandeln?
  - Wie erfolgreich sind diese Bücher (Amazon Rank und Anzahl/Qualität der Rezensionen)?
  - Wie würde sich mein Werk von der potenziellen Konkurrenz unterscheiden?

- Würde sich der Durchschnittsleser für meine Lieblingsepoche interessieren?
- Lässt sich über mein gewähltes Thema und die Epoche eine Serie schreiben?

Kapitel 5: Historische Recherche – Quellen

Eine Quelle im historischen Sinne »ist all das, was über die Vergangenheit als Mittel zum Zweck der historischen Erkenntnis befragt werden kann« (Geschichtstutorium der Universität Tübingen).

Für Autoren historischer Werke ist die Recherche unerlässlich. Einfach so loszulegen mag in zeitgenössischen Genres funktionieren – obwohl es auch hier, z.B. bei Krimis und Thrillern, viel zu lernen und zu beachten gilt – das History-Genre basiert auf einer vergangenen Welt, die man erst einmal kennenlernen muss, um sie dann glaubhaft und authentisch in die Geschichte einfließen zu lassen.

Der heutige Autor hat schier unerschöpflichen Zugriff auf Quellen, denn zum Glück leben wir in einem Land, das der Öffentlichkeit viele sehr gute Bibliotheken und Archive zur Verfügung stellt. Und dank der digitalen Vernetzung haben wir Zugriff auf deren digitale Daten sowie unzählige Internetquellen.

5.1 Primärquellen

Primärquellen sind Originalquellen aus der historischen Zeit. Dazu gehören z.B. Interviews, Erzählungen und Berichte von Zeitzeugen, Tagebücher, Protokolle, Briefe, Fotos und Filme, Zeitungen, Dokumente aller Art, z.B. der Stadt- oder Landesverwaltung, Poster, Schilder, eben alle Informationen, die aus der historischen Zeit stammen.

Zeitzeugen

Wer Zugriff auf Zeitzeugen hat, die etwa ihre Erfahrungen aus eigener Hand erzählen können, sollte dies auf jeden Fall tun. Noch immer gibt es einige Zeitzeugen, die den Zweiten Weltkrieg oder z.B. die Flucht bzw. Vertreibung aus dem Osten miterlebt haben. Ein einfaches Aufnahmegerät reicht, doch sollte man sich Fragen gut zurechtlegen und immer wieder nachhaken. Es gibt geborene Erzähler, die wenig Ansporn benötigen, bei anderen muss man immer wieder neu formulieren und nachfragen. Gerade Einzelheiten, die die Sinne ansprechen, und Gefühle sind besonders wichtig. Denn oftmals erzählen Zeitzeugen mit neutraler Stimme und scheinbar emotionslos. Nicht immer sind die Geschichten von Qualität, ungewöhnlich oder detailliert genug und damit für das geplante Projekt von Wert. Wer ältere Zeitzeugen sucht, findet sie oft über Angehörige, Freunde oder auch in Seniorenheimen.

Längst nicht alle Zeitzeugen sind bereit, das Vergangene wieder aufleben zu lassen. Sie haben das oft schreckliche Erlebte tief in sich vergraben. Am besten wendet man sich an Familienmitglieder oder diskutiert seinen Wunsch mit dem Heimdirektor.

Tipp

Bei Interviews immer ein Aufzeichnungsgerät verwenden, damit man sich auf das Gesagte konzentrieren, ggf. nachhaken und zusätzliche Fragen formulieren kann.

Fotos/Porträts

Auch Fotos können von großer Bedeutung sein. Dank dem Internet haben wir heute Zugang zum World Wide Web, aber auch zu Archiven, die immer mehr Informationen digitalisieren. Wenn die bekannte Person nicht allzu weit in der Vergangenheit lebte, also nach 1826 (Erfindung der Fotografie), dann wird man in der Regel fündig.

Nachteilig ist, dass Bibliotheken/Archive zum Teil Mitgliedschaften erfordern und Beiträge verlangen. Auch kann die Suchfunktion der Webseite kompliziert sein. Wenn man etwas Bestimmtes sucht, lohnt es sich, den zuständigen Bibliothekar oder Archivar zu kontaktieren. Wenn es nicht allzu schwierig ist, schlage ich vor, die entsprechenden Archive selbst zu besuchen.

Als ich z.B. die Kriegsromane über Solingen schrieb, habe ich viel Zeit im Solinger Stadtarchiv verbracht. Dort gab es neben Zeitungen, die nicht digitalisiert waren, alte Schulakten, in denen über die katastrophalen Bedingungen während der Kinderlandverschickung (KLV) berichtet wurde. Es gab Briefe an den Schulrat, Postkarten und Entschuldigungsschreiben von Lehrern, die nicht in die KLV reisen wollten. In einer Schublade fand ich alte Fotos und auf einem der Schwarzweiß-Bilder entdeckte ich meinen eigenen Großvater Willi, der im Oktober 1953 vom damaligen Solinger Bürgermeister als Kriegsheimkehrer begrüßt wurde. Solche Funde macht man im Internet selten, denn es gibt einfach zu viel Material, das sich schlecht digitalisieren lässt oder für dessen digitale Aufarbeitung die Mittel fehlen.

Vor der Zeit der Fotografie und natürlich auch danach gibt es gemalte Porträts, hauptsächlich von bekannten und betuchten Personen, die sich einen Maler leisten konnten. Museen, Galerien und Sammlungen sind exzellente Quellen alter Bilder. Zumindest dient das Äußerliche zur besseren Beschreibung der Figur(en). Auch Landschaftsszenen, Stillleben, Malereien von Gruppen und Malstile vermitteln ein besseres Verständnis der vergangenen Zeit.

Tipp

Wer Fotos ins eigene Buch übernehmen will, sollte sich auf jeden Fall über die notwendigen Urheberrechte informieren. Die private Nutzung ist u.U. erlaubt, aber die Veröffentlichung eines Romans fällt unter kommerzielle Nutzung und die Nutzungsrechte sollte man auf jeden Fall beachten. Erlaubnis immer schriftlich einholen.

Zeitungen, Zeitschriften, Magazine
Archive bieten oft zusätzliche Medien, z.B. Zeitungen, Zeitschriften, Magazine, Newsletter, aber auch Korrespondenz

(Briefe, Postkarten), Tagebücher und andere Originalschriften. Archivare stehen bereit, nicht präsente Dokumente in ihren Kellern aufzuspüren. Heute kann auch vieles digital organisiert werden, denn viele Archive haben ihre Webseiten modernisiert. Man kann Material suchen und online bestellen.

In alten Zeitschriften findet man z.B. auch Werbung und Inserate, die viel Aufschluss über die Interessen und Themen der vergangenen Zeit geben, z.B. über Preise, Produkte, Ausdrucksweise, Kundeninteressen. Zeitungen vermitteln Eindrücke über das Tagesgeschehen. Die erste Seite einer Zeitung während des Zweiten Weltkriegs dokumentiert z.B. die Propaganda-Rhetorik des Dritten Reichs. Auch das mühselige System der Lebensmittelkarten wird deutlich. Todesanzeigen gefallener Soldaten und von Bombenangriffen getöteten Zivilisten vermitteln, mit welchen schrecklichen Nachrichten die Menschen fertigwerden mussten.

In Deutschland enthält das Bundesarchiv ein riesiges Arsenal an historischem Material, das über die deutsche Geschichte, z.B. die Propagandamaßnahmen des Dritten Reiches, Aufschluss gibt. Private Filme über das Dritte Reich gibt es übrigens kaum, da das Filmen, vor allem der negativen Auswirkungen des Bombenkrieges, verboten war. Darüber informieren wiederum Filme der Alliierten, die vor allem nach Ende des Krieges weiträumige Aufnahmen der Zerstörung machten. Fotos, Akten, Poster, Filme und Töne stehen zur Verfügung. Vieles ist digitalisiert und man kann sich zusätzlich mit einem Termin Zugang zu Informationen verschaffen. Im Militärarchiv habe ich mir vor Jahren Unterlagen über meinen Großvater Willi organisiert, der von 1945 bis 1953 in russischen Gulags in Gefangenschaft saß. Man kann sowohl Ahnenforschung betreiben als auch über eine bestimmte Epoche Nachforschungen anstellen.

Dazu gibt es in fast jeder Stadt Archive, die die Historie der Region verwalten. In ihnen findet man viele spezifische und oft anderweitig nicht verfügbare Informationen sowie Ansprechpartner, die bei der Recherche unterstützen können.

Tipp

Viele Second-Hand-Internetportale, z.B. booklooker.de, altezeitschriften.de, quoka.de usw. bieten historische Zeitungen und Zeitschriften für kleines Geld.

Audio und Video

Dank Internet hat der Autor via YouTube Zugang zu Originalvideos, historischen Filmen, Musik, selbst Geräuschen. Für den amerikanischen Zivilkriegsroman und die Romane des Zweiten Weltkriegs habe ich u.a. nach dem Klang von Artilleriegeschossen, fallenden Bomben und Luftminen, Explosionen usw. geforscht. Auch findet man Vorträge von Experten zu vielen Themen, Interviews und vieles mehr.

Im antiquarischen Handel und im Second-Hand-Buchhandel finden sich viele interessante Quellen, angefangen von alter Musik bis zu Filmen und natürlich Büchern. Manchmal muss man sich mit alter Technik begnügen, z.B. Platten, VHS-Videos. Wenn die Geschichte nicht zu weit zurückliegt, lassen sich oft Augen- bzw., wie man sie heute nennt, Zeitzeugen finden. Entweder findet man selbst welche, die zu den damaligen Umständen etwas berichten können, oder man sucht im Internet. Viele TV-Sender, wie z.B. Spiegel TV, WDR und MDR Zeitreise, bieten Dokus und haben über die Jahre Zeitzeugen zu verschiedenen Themen interviewt. Natürlich wiegen der Zweite Weltkrieg und die Nachkriegszeit weiterhin schwer, zumindest solange es noch Zeitzeugen gibt – und hoffentlich noch viele Jahre danach.

Ich habe 2003 meine Eltern interviewt, die als Kriegskinder und -jugendliche viel erduldet haben. Die originalen Audioaufnahmen habe ich damals auf Mini-Tonbändern verzeichnet. Auch da gibt es inzwischen wesentlich bessere Möglichkeiten. Für kleines Geld kann man ein digitales Aufnahmegerät kaufen und die meisten Handys oder Laptops ermöglichen Tonaufnahmen, selbst Audio-zu-Schrift-Schreibprogramme. Originale Informationen von Zeitzeugen sind besonders kostbar, doch auch sie müssen entsprechend verarbeitet werden, damit daraus eine ansprechende Erzählung entstehen kann.

Städtische und Kirchenregister
Städte und Kirchen führen oftmals Register, die Jahrhunderte zurückgehen. Auch dort lässt sich so mancher Schatz finden. Oftmals haben kleine Orte mehr Material, da sie im Zweiten Weltkrieg weniger oft angegriffen und zerstört wurden und daher ihre Dokumente erhalten konnten. Am besten fragt man an und macht einen Termin. Dazu legt man sich am besten eine Reihe von Fragen zurecht, die man schon am Telefon diskutieren kann. Nichts ist frustrierender, als Zeit mit Fahren, Parken und Suchen zu verschwenden.

Manchmal hat man das Glück, im Erbe der Familie oder einer Haushaltsauflösung alte Briefe und Postkarten, Fotos, Tagebücher und Zeitschriften zu finden, die zum besseren Verständnis der Epoche beitragen und einen intimen Einblick in die damalige Zeit bieten.

5.2 Sekundärquellen

Alle anderen Informationen kommen notgedrungen aus Sekundärquellen. Doch es gibt dank unserer modernen Gesellschaft und der Aufarbeitung der Menschheitsgeschichte viele Möglichkeiten, sich über vergangene Epochen zu informieren.

Allerdings sollte man Informationen möglichst durch zwei oder mehr Alternativquellen absichern, denn gerade Beschreibungen (Personen und Ereignisse) aus weiter zurückliegenden Zeiten können aus verschiedenen Blickwinkeln unterschiedlich interpretiert werden. Wenn es mehrere Interpretationen gibt, kann man natürlich analysieren und selbst auslegen und u.U. seine Sichtweise im Autorenkommentar erklären.

Historische Romane
Am einfachsten beginnt man mit dem Lesen von Romanen aus der Zeit, in der man seine eigene Geschichte entwickeln will. Dies gilt für zeitgenössische Schriftsteller historischer Romane

sowie, wenn es welche gibt, für Romane, die in der gewählten historischen Epoche verfasst wurden. Dieser erste Eindruck ist unerlässlich. Ich behaupte, dass ein Autor ganz anders und viel kritischer liest als der reguläre Konsument. Man hält, vielleicht auch unbewusst, die Augen offen, wie der Autor das historische Thema angeht, wie er den Leser in die historische Welt führt.

Fragen

- Cover: Vermitteln Cover, Titel und Klappentext das historische Genre? Warum? Was würde ich anders/besser machen? Warum?
- Welche Hinweise auf die historische Handlung und Welt vermittelt die erste Seite?
- Welche historischen Wörter, Begriffe, Redewendungen werden benutzt?
- Wie werden Figuren und deren Handlungen beschrieben?
- Was am Dialog lässt auf die historische Zeit schließen?

Gerade das erste Kapitel leistet in der Regel Schwerstarbeit, da es den Leser nicht nur in der historischen Zeit verankert, sondern auch Handlung (Plot) und Hauptfigur(en) spannend vorstellt. Man kann sich Notizen machen, welche Techniken der Autor nutzt, den Leser historisch zu orientieren. Welche Informationen werden wie vermittelt?

Tipp

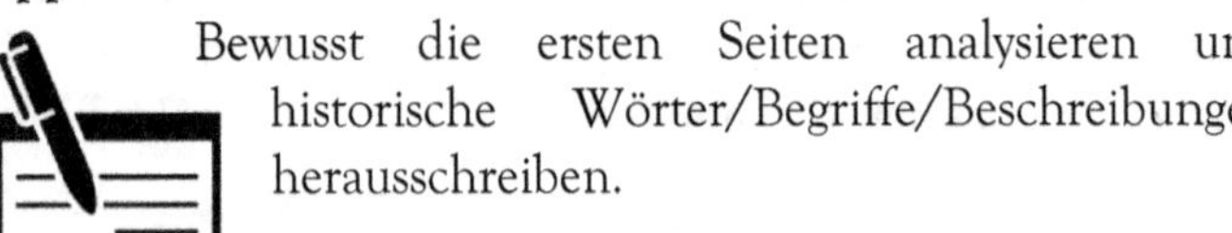

Bewusst die ersten Seiten analysieren und historische Wörter/Begriffe/Beschreibungen herausschreiben.

Doch gleichzeitig rate ich davon ab, ausschließlich historische Romane zu lesen. Autoren sollten vielfältig durch verschiedene Genres lesen, weil gutes Schreiben unabhängig vom Genre erlernt werden muss und man vom Lesen qualitativer Bücher viel Gutes für sich erfährt.

Tipp

Bücher, die in der jeweiligen Epoche entstanden sind, geben Aufschluss über die damaligen Umstände, Lebensanschauungen, sozialen, politischen und kulturellen Verhältnisse – Stil und Sprache sind aber häufig veraltet und für heutige Leser schwieriger zu verdauen.

Sachbücher

Es gibt kaum Themen und Epochen, die nicht von Historikern analysiert und beschrieben worden sind. Es ist durchaus von Vorteil, sich ein detailliertes Bild von der Zeit zu machen, in der die eigene Erzählung spielen soll. Oftmals sind sich Historiker uneinig, wie eine Person tatsächlich gedacht oder auch gehandelt hat, streiten über Motivation und kleinste Abweichungen. Denn auch Historiker können nur mit Informationen arbeiten, die tatsächlich übermittelt wurden. Und da gibt es große Meinungsverschiedenheiten.

Als ich z.B. Billy the Kid (Henry McCarty) recherchierte, fand ich Abhandlungen, die den jungen Banditen entweder positiv oder negativ beschrieben. Die negativen Stimmen meinten, er habe mindestens 20 Morde begangen und sei ein brutaler Killer gewesen. Andere Historiker hielten Billy the Kid für einen jungen Mann, der nicht nur intelligent war und sich mit den Damen der Zeit gut verstand, sondern den man manipuliert und dem man als Sündenbock viele Morde in die Schuhe geschoben hatte. Wenn man bedenkt, dass Billy the Kid vor weniger als 150 Jahren – 1881 – gestorben ist, d.h. also die Zeit noch gar nicht so weit zurückliegt und es trotzdem so unterschiedliche Auslegungen seines Lebens gibt, dann kann man sich vorstellen, wie viel komplizierter und widersprüchlicher weiter zurückliegende Historie ausfallen kann.

Biografien

Wer echte Personen in seiner Geschichte zum Leben erweckt, deren Hauptfigur vielleicht eine bekannte Persönlichkeit war, der kommt nicht umhin, Biografien zu lesen – wenn es denn welche gibt. In jedem Fall sollte man sich sehr intensiv mit der Figur beschäftigen, damit sie so weit wie möglich authentisch rüberkommt. Äußerlichkeiten (Aussehen, Kleidung, Körperhaltung, Ausdruck), Charakter, Vorlieben, Ängste, Schwächen, Weltanschauung, Pläne, Taten, Dialog/Wortwahl usw. sind wichtig. Man stelle sich vor, mit der Person in einem Zimmer zu sitzen und sie einige Stunden zu beobachten und sich mit ihr zu unterhalten. Natürlich sind nicht immer ausreichende Informationen vorhanden, was dem Autor die Freiheit gibt, einiges hinzuzudichten.

In meinem Roman, der während der U.S.-amerikanischen Prohibition spielt, trifft meine Protagonistin Sam auf den bekannten Gangster, Anwalt und Schmuggler George Remus. In meiner Recherche erfuhr ich, dass Remus von sich selbst in der dritten Person sprach. Diesen Tick habe ich entsprechend in Remus' Dialog eingebracht – man denke wieder an Authentizität.

Hier ist ein Ausschnitt:
Ich blieb drei Meter vor dem Stuhl stehen. Ich war in einer Art Wintergarten. Große Farne und lila Orchideen säumten hohe Fenster.
»Also ... ich suche meinen Bruder. Meine ... unsere Mutter ist gestern gestorben.«
»Remus hatte gehofft, du könntest ihm sagen, wo er ist.«
Mein Verstand setzte aus. Wer war dieser Kerl? »Aber mein Bruder erwähnte, dass er für Mr. Remus nach Chicago reisen musste.«
»Das hat Remus angenommen.«
Ich sah mich um. »Vielleicht sollte ich persönlich mit Mr. Remus

sprechen?«

Die Augen des Mannes weiteten sich. »Du sprichst mit ihm.«
Mein Blick fiel auf die seidig glänzende Krawatte, die teure Wolljacke
und die hoch polierten schwarz-weißen Schuhe. Der Mann mochte
reich sein, aber er klang wie ein Irrer. »Mein Bruder war seit … seit
April nicht mehr zu Hause«, sagte ich laut. Oppenlander, Annette:
Where the Night Never Ends (Übersetzt aus dem Englischen)

Historische Abhandlungen, Dissertationen

Sicher gibt es über fast jede bekannte Epoche historische
Analysen und Wissenschaftler, die sich in ihren Bachelor- und
Doktorarbeiten sowie beruflich mit den historischen
Hintergründen unserer Menschheitsgeschichte beschäftigt
haben. Als ich den Wilden Westen des späten 19. Jahrhunderts
recherchierte, stieß ich z.B. auf eine Doktorarbeit über den
alten Chiricahua-Apachen-Häuptling Kas-tziden, *Broken Foot*,
auch liebevoll *Nana* genannt, der 1881 mit etwa 80 Jahren
einen Rachefeldzug gegen die amerikanische Armee führte und
nie erwischt wurde. In der Arbeit war detailliert aufgeführt,
welche Route Nana und seine Krieger damals geritten sind.
Aufgrund der detaillierten Beschreibung konnte ich diese
wichtige historische Figur mit in meinen Roman aufnehmen.

Tipp

Bildungsserver.de ist eine zentrale Datenbank für
Dissertationen und Habilitationen in Europa.

Audio und Video

Natürlich gibt es jede Menge aufbereitetes Material wie z.B.
Berichte, Spiel- und Dokumentarfilme und Interviews in den
Medien, den Streamingdiensten und YouTube. Auch Podcasts
und Radiosendungen zu historischen Themen findet man z.B.
bei Podwatch.io.

Buchquellen

Natürlich kann man die meisten Bücher im Handel neu kaufen, doch es lohnt sich durchaus, in Bibliotheken, Archiven Bücher einzusehen, zu leihen und/oder auf Buchplattformen gebrauchte Exemplare zu erwerben. Gerade Bücher, die vor Jahrzehnten herausgegeben wurden und nicht mehr aufgelegt werden, sind schwieriger zu finden und u.U. kostspielig.

Deutschland verfügt über ein gutes Bibliothekssystem, in dem der Autor gedruckte Quellen und einiges mehr finden kann. Selbst Universitätsbibliotheken kann man in der Regel auch ohne Studentenpass besuchen, dort Dokumente einsehen und oft ausleihen. Auch online kann man Bücher bestellen und ausleihen.

Tipp

Anstatt Kopien zu drucken, einfach mit dem Handy ablichten und später am PC bearbeiten. Vor Jahren, als ich die Geschichte von Billy the Kid recherchierte, fand ich jede Menge auch alte Bücher zum Thema in der Unibibliothek der Indiana University in Bloomington, Indiana, USA, selbst ein Buch, das Sheriff Pat Garrett, der Mörder von Billy, später veröffentlichte.

Tipp

Gerade für die Recherche lohnt es sich, gebrauchte Bücher zu erwerben. Inzwischen gibt es außer den Antiquariaten viele Online-Buchplattformen wie z.B. Booklooker.de, medimops.de, rebuy.de, gebrauchtebuecher.de, die man mit Angeboten bei Amazon vergleichen sollte. Die Preisunterschiede sind manchmal erstaunlich und man kann einige Euro sparen.

Historische Blogs und Webseiten

Nicht selten findet man zu bestimmten historischen Themen informative Blogs und Webseiten, die fundierte historische Informationen enthalten und zum Teil aufarbeiten. Dazu gehören z.B. Autoren historischer Romane und Historiker. Eine einfache Google-Suche zum Thema kann durchaus hilfreich sein.

5.3 Fremdsprachige Quellen

Wer eine Epoche und ein Land mit anderer Sprache wählt, muss sich darüber im Klaren sein, dass Quellen oft ausschließlich in der Fremdsprache zu finden sind. Man sollte sich also überlegen, ob man die Sprache gut genug beherrscht oder jemanden mit der Sichtung und Übersetzung beauftragen kann. Ansonsten ist man auf bereits übersetzte Quellen, z.B. Romane, u.U. auch Fachliteratur angewiesen. Für gedruckte Quellen bietet Google Translate eine ziemlich ›schlampige‹ Übersetzung, allerdings kann man auch andere Übersetzungssoftwareprogramme nutzen.

Es ist durchaus möglich, dass es je nach Land und Epoche wesentlich mehr Quellen in der Fremdsprache gibt als in der deutschen Übersetzung. Es ist zwar grundsätzlich prima, wenn es viel zu analysieren gibt, kann aber den Arbeits- und Zeitaufwand wesentlich erhöhen.

Kapitel 6: Der persönliche Besuch

Nichts geht über die Recherche am Ort des Geschehens – man tritt sozusagen in die längst verrotteten Schuhe der Protagonisten. Zugegebenermaßen ist ein persönlicher Besuch nicht immer möglich, aber wenn man die Geschichte mit einer Geschäftsreise verbinden kann und die Kosten erschwinglich sind, dann sollte man die Gelegenheit wahrnehmen, sich am Ort des Geschehens umzusehen, die Luft zu atmen, den Himmel zu beobachten und die Geräusche wahrzunehmen. Je nach Ort begeht man alte Pflaster, berührt Gebäude und Gemäuer, schreitet durch Tore und klettert auf Türme.

Dabei lässt man die Umgebung auf sich einwirken. Auf jeden Fall sollte man reichlich Fotos machen, denn unser Gehirn kann unmöglich so viele Eindrücke speichern, und nach der Rückkehr kann man sich immer wieder auf Einzelheiten, z.B. einen Lageplan beziehen. Außerdem regen Fotos die Erinnerung an.

Fragen: Was sehe ich wirklich?

- Wälder – Baumarten, Büsche und Bodenpflanzen
  - Beschaffenheit der Wege, Qualität des Wuchses (wild, dicht, dunkel, undurchdringlich, moosig usw.)
- Felder (Größe, Beschaffenheit, Bewuchs)
- Böden – Sand, Lehm, Stein, Moor (welche Art), trocken, feucht, nass
- Beschaffenheit der Landschaft – flach, hügelig, bergig
  - Felsformationen, hohe Berge, steile Klüfte, Steilhänge, Hügel
  - Gewässer: Meere, Flüsse, Seen, Teiche, Bäche, Moore
  - Flachlandschaften
- Weite der Landschaft – abwechselnder Bewuchs oder weit offene Landschaft
- Bevölkerungsdichte – Großstadt, Stadt, Dorf, Land oder verlassen
- Gerüche (auch je nach Saison) – salzig, nach Fisch, Harz, Abgasen, Kohlenstaub und -ruß, Feuer verschiedener Art, Erdöl und -gas, Pflanzen aller Art (Lavendel, Rosen, Salbei ...), trocken, feucht, schwül, heiß, moderig, sandig, staubig, Verwesung
- Tiere – wilde und gefährliche Tiere, Vögel, Gräser, Insekten (Mücken, Fliegen, Maden, Ameisen, Hornissen, Bienen, Termiten ...)
- Geräusche – Wildnis/Natur, Vögel und Tiere, Wind, Gräser, Wellen/Wasser, Bäume
- Geschmack
- Welche Gefühle rufen die Besonderheiten der Umgebung in mir wach? Wie kann ich diese Gefühle auf

meinen Protagonisten übertragen? Wie wirkt sich die Landschaft auf den Plot aus?

Straßen und Bauten

Obwohl durch natürlichen Verfall und Kriege viel zerstört wurde, findet man oft nach hunderten Jahren noch großartige und repräsentative Dörfer und Städte mit alten Straßen und Bauten, es gibt Ruinen und teils erhaltene Burgen und Schlösser.

Fragen: vom Menschen errichtet

- Beschaffenheit der Wege/Straßen (Pflaster, Breite bzw. Enge, Blickwinkel, Länge, Ausrichtung)
  - Tore und Mauern
- Brücken
- Gebäude (Größe, Höhe/Anzahl der Stockwerke, Beschaffenheit/Materialien, Geruch, Fenster, Türen, Dielen, Böden, Decken, Nutzung)
- Brunnen
- Kirchen
- Denkmäler

Kulturschätze/Museen

In alten Schlössern und Museen sind oftmals Kulturschätze zu finden, die einen guten Eindruck von der damaligen Zeit vermitteln. Dort findet man alles von

- Mobiliar
- Stoffen
- Wandbehängen, Wandmalereien, Bilder, Kacheln
- alten Schriften, Siegel
- Münzen
- Schmuck
- Foltervorrichtungen

- Kleidungsstücke, Kopfschmuck
- Masken, Musikinstrumente
- Porzellan, Besteck

Manche Museen bauen ganze historische Dörfer nach und bieten Besuchern informative Führungen. Museumsläden führen oft eine Auswahl von Büchern und Schriften, die es auf dem generellen Buchmarkt nicht gibt. Und wenn man alte Gemäuer durchwandert, bekommt auch einen Eindruck über die Beschaffenheit und Qualität des Lichtes, Geräusche wie knarrende Bohlen, Gerüche, die Größe der Räume ...

Nur wer sich ein genaues Bild vom Umfeld, der Lebenswelt des Protagonisten macht, kann dieses Bild dann in Worte fassen. Und gerade minimalste, kleinste Details bieten dem Leser die Möglichkeit, sich in der Geschichte zu verlieren, darin liegt der Reiz. Anfänger machen oft den Fehler, generelle Beschreibungen mit Adjektiven wie schön, groß oder auch dreckig und stinkend zu nutzen, anstatt zu beschreiben, *was genau* schön ist, warum es schön ist, oder eine Metapher zu verwenden, um dem Geschriebenen Ausdruck zu verleihen. Damit meine ich keinesfalls langatmige Beschreibungen, sondern kurze, präzise Sätze und Absätze, die man regelmäßig in den Text einfließen lässt.

Hier sind zwei Beispiele alter historischer Romane, deren bildhafte Sprache uns viel mitteilt.

»Diese Worte sprach eine schlanke und zierlich gewachsene, einfach gekleidete junge Dame, deren Züge eine auffallende aristokratische Schönheit zeigten, zu einem reckenhaften alten Bauern, der in einer grauen Zwillichjacke und dunkeln manchesternen Kniehosen mit Zinnschnallen neben ihr auf einer Bank unter den gerühmten Eichen saß.« Schücking, Levin: Der Doppelgänger

»An jenem nebligen Tag stand Frau Hadwig im Klosett ihrer Burg und schaute in die Ferne hinaus. Sie trug ein stahlgrau Unterkleid, das in leichten Wellen über die gestickten Sandalen wallte, drüber schmiegte sich eine bis zum Knie reichende schwarze Tunika; im Gürtel, der die Hüften umschloß, glänzte ein kostbarer Beryll. Ein goldfadengestricktes Netz hielt das kastanienbraune Haar umfangen, doch unverwehrt umspielten sorgsam gewundene Locken die lichte Stirn.« Scheffel, Victor von: Ekkehard

Die historische Welt, in der unsere Erzählung angesiedelt ist, kann man leichter und überzeugender beschreiben, wenn man selbst am Ort des Geschehens gewesen ist.

Wenn persönliche Besuche nicht möglich sind
Wenn man nicht an den Ort des Geschehens reisen kann, sollte man sich auf jeden Fall mit Hilfe von Fotos, Gemälden, Filmen, Google Earth, Beschreibungen, Reisebüchern und Karten ein visuelles Bild verschaffen. Auch Beschreibungen in historischen Schriften und Romanen können hilfreich sein.

Tipp

Karten und Grundrisse der Umgebung, Gebäude usw. zeichnen, existierende, auch historische Karten an der Wand anbringen und Fotos dazu heften, um sich einen besseren visuellen Eindruck zu verschaffen.

Kapitel 7: Authentizität schaffen

Wer Leser für sich begeistern will, kommt nicht umhin, die Erzählung authentisch und glaubhaft zu entwickeln. Die meisten Leser haben bereits eine Vorstellung von der historischen Zeit, in der die Handlung spielt. Vielleicht haben sie bereits einiges über die Zeit gelesen, vielleicht ist dies der zehnte Roman über den Zweiten Weltkrieg oder sie haben jeden Film über die Epoche verschlungen. So oder so beeinflusst das bereits gesammelte Wissen – viele Leser sind älter und haben konkrete und teils umfangreiche Kenntnisse aufgebaut –, wie sie den neuen Roman empfinden.

Alte Welten sind oft einfacher
Weiter zurückliegende Epochen bieten oft weniger spezifische Informationen, z.B. über das Aussehen, die Statur, den Charakter einer Person. Gleichzeitig ermöglicht gerade dieser Mangel an Details dem Autor die Freiheit, seine Fantasie einzusetzen. Für meine Zeitreise-Trilogie recherchierte ich einen adeligen Ritter, der Ende des 15. Jahrhunderts in der thüringischen Burg Hanstein lebte.

Er muss ein richtiger Draufgänger gewesen sein, begann eine achtjährige Fehde mit dem Amtmann und Grafen von Schwarzburg, weil der eine schöne Dame entführte, arbeitete später als eine Art Stadtaufseher in Lübeck und soll auch dort im Dom begraben liegen.

In den historischen Dokumenten ist er mehrmals erwähnt, doch wie der Mann aussah, ist nicht überliefert. Da Ritter Werner in meiner Geschichte eine wichtige Rolle spielt, habe ich ihn mit Augen versehen, deren Farbe sich je nach Wetter und vor allem Gemütsverfassung mal nordseegrau und mal gasflammenblau zeigt.

Wer dagegen Napoleon Bonaparte in seinem Werk auferstehen lässt, wird sich ziemlich genau an die Beschreibungen und Bilder des Mannes halten müssen. Denn Napoleon wurde häufig und über die Jahre regelmäßig gemalt. Auch Statur, Größe – da gibt es wiederum Abweichungen, da in Frankreich und in England ein ›Fuß‹ unterschiedliche Maße hatte –, Gewicht, Beziehungen mit Frauen/Mätressen, ganz zu schweigen von seinen politischen und kriegerischen Auswüchsen wurden detailliert aufgezeichnet.

Über eine echte Person, deren Leben nicht allzu weit zurückliegt, ist u.U. nicht nur Äußerliches bekannt, sondern Filme, Texte, Reden, Tagebucheintragungen, Augenzeugenberichte von nahestehenden Personen, Informationen über Beziehungen zu anderen, Macken und Eigenarten.

Der Einfluss visueller Medien
In unserer modernen Gesellschaft schauen wir täglich Filme, die historisches Leben widerspiegeln. Manche Filmemacher geben sich Mühe, die alte Zeit authentisch wieder aufleben zu lassen. Das ist nicht immer so, und vor allem ältere Filme der

40er, 50er und 60er Jahre sind oft weißgewaschene Welten, die mit den realen Bedingungen wenig zu tun hatten. Man denke an alte Wildwest-Filme, z.B. die Bonanza-Serie, in denen die Menschen in sauberen Häusern mit perfekt gewaschenen und gebügelten Kleidern dahergingen.

Der echte wilde Westen war genau das, wild ... und dreckig, staubig, heiß, eiskalt, unberechenbar, häufig lebten die Menschen unter lebensbedrohlichen Bedingungen. In den Siedlungen versanken die Anwohner bei Regen bis zu den Knöcheln im Morast, im Winter gefror das Land, der Boden war steinhart und es gab nichts zu essen. Im Sommer knallte eine unbarmherzige Sonne auf die Menschen, trocknete Haut und Wasserlöcher. Sie trugen ihre Kleider, bis sie auseinanderfielen, kämpften mit Ungeziefer und Mücken. Wer nicht vorgesorgt hatte, verhungerte oder erfror – wenn er nicht von Banditen oder Indianern angegriffen wurde.

Die harsche *überlieferte* Realität bietet oft wunderbare Chancen, mehr Spannung in die Erzählung einzubauen.

Kapitel 8: Bausteine der historischen Welt

Was sollte man denn nun wissen, wenn man einen historischen Roman schreibt? Wie viele Details sind notwendig, bevor man den ersten Satz niederschreibt, und was braucht man, um den Kontext der Welt so zu schildern, damit sich der Leser in die gewünschte Zeit zurückversetzt fühlt?

Grundsätzlich sollte die Recherche so gut sein, dass man ein vertrautes Gefühl für die vergangene Welt besitzt, wenn man anfängt.

Mittels verschiedener Bausteine wird der Kontext der historischen Welt entwickelt. Gerade ein erstes Kapitel leistet dabei Schwerstarbeit, den Leser in die historische Welt des Protagonisten zu entführen. Mehr zum ersten Kapitel gibt es später. Eine wunderbare englischsprachige Quelle ist Noah Lukemans »The First Five Pages«.

8.1 Epoche und Lage

Als Autor wird man zunächst die Epoche und das Land wählen, die einen am meisten interessieren, über die man vielleicht schon einiges weiß. Über die Jahrhunderte haben sich Regierungen und Namensgebung der Länder und Regionen immer wieder verändert. Das römische Reich existierte über mehr als 2.000 Jahre und erstreckte sich über riesige Teile Europas, Nordafrikas und Asiens. Nach dem Zweiten Weltkrieg fielen weite Teile im Osten Deutschlands an Polen und die Sowjetunion.

Vielleicht hat man eine echte Person im Hinterkopf, die in der Geschichte Protagonist sein soll. Wo und wie diese Person damals lebte, bestimmt weiterhin, welche Hintergrundinformationen notwendig sind. Wenn man z.B. über Napoleon Bonaparte (1769-1821) oder König Georg VI. (1895-1952) schreibt, dann limitiert sich auf der einen Seite die Welt, in der die Geschichte stattfinden kann. Sie ist sozusagen vorgegeben oder man verletzt die Gebote der Authentizität und Glaubwürdigkeit. Historiker und geschichtlich bewanderte

Leser werden sofort Alarm schlagen, wenn die einst lebende Person völlig anders dargestellt wird und auf einmal Dinge tut, die sie damals nicht getan hat. Auf der anderen Seite kann man ganz konkret die Epoche und die umgebende Situation recherchieren, eine fokussierte Recherche, die u.U. Zeit spart.

Mehr Freiheit hat man, wenn man den erfundenen Protagonisten in das Umfeld der bekannten Person stellt. Die bekannte Persönlichkeit kommt hier und da vor und bestimmt das Geschehen der Handlung mit, aber der Protagonist agiert innerhalb des geschichtlichen Rahmens frei. Autoren haben mit dieser Technik wesentlich mehr Flexibilität und doch ist der Leser im Geschehen verankert. Der Autor muss außerdem entscheiden, wie intensiv die bekannte Person in der Geschichte vorkommen soll.

Fragen: historische Personen

- Ist die historische Person Randfigur oder ausschlaggebend für die Handlung? Welchen Zweck erfüllt sie? In jedem Fall sollte die Person mehr als eine Dekoration sein, also im Plot eine Aufgabe erfüllen.
- Welche Beziehung hat mein Protagonist zur historischen Person?
- Wie würde sich die historische Person verhalten, was würde sie sagen, wenn sie mir gegenübersäße?

Landschaft

Was man beim Recherchieren bezüglich der Landschaft lernen kann, ist ja bereits besprochen worden. Hier gilt wiederum: Details sind besser als allgemeine Beschreibungen. Die Salbeibüsche am staubigen Wegesrand, deren blaugraue Blätter einen betörenden Duft verströmen, ist besser als eine beeindruckende Landschaft oder ein wolkiger Himmel. Ein minimales, interessantes Detail, an dem sich das innere Auge des Menschen orientieren kann, ist wesentlich interessanter, als allgemeine Begriffe. Wer dazu neigt, zu generalisieren, kann einfache Schreibübungen durchführen und sich selbst Fragen stellen:

Fragen: Merkmale einer beeindruckenden, historischen Landschaft

- Was beeindruckt mich oder den Protagonisten?
- Kann ich einen historischen Bezugspunkt einbeziehen, der Figuren und Leser in der Erzählung verankert?
- Was genau sieht der Protagonist, warum ist, was er sieht, wichtig für ihn/für die Erzählung?
- Was sieht, hört, riecht, schmeckt oder fühlt der Protagonist in dem Moment? Wie wirkt sich diese Wahrnehmung auf den Plot aus?
- Was an der Landschaft kann ich für die Szene gebrauchen?
- Was kann für den Protagonisten problematisch (antagonistisch) werden?
- Was ist signifikant?

Fragen: Beschaffenheit des Himmels

- Welche Farbe hat der Himmel? Welches Blau oder Grau?
- Wie ist das Licht?
- Kann man die Farbe mit etwas vergleichen?
- Welche Art Wolken hängen dort? Wie dicht ist die Wolkendecke? Welche Temperaturen herrschen?
- Warum ist der Himmel für die Szene wichtig? Will ich z.B. damit eine aufkommende Wetterlage ankündigen? Was verursacht die Situation in dem Moment beim Protagonisten? Will ich mit der Beschaffenheit des Himmels etwas über die Geschichte (vorher)sagen?

Klima, Naturkatastrophen, Hungersnöte, Üuberschwemmungen, Feuersbrünste

Allein das Klima kann großen Einfluss auf unsere historische Erzählung ausüben. Je nach Standort gab es nicht nur eisige Winter oder trockene Sommer, die Menschen mussten sich mit wenig Schutz oder Technik vor manchmal tödlichen Naturkatastrophen schützen.

Deshalb zieht sich ein Faden des Leidens durch die Menschheitsgeschichte. Immer wieder litten und starben die Menschen, weil wetterbedingte Anomalien schreckliche Desaster verursachten. Zum Beispiel kam es Mitte des 19. Jahrhunderts in Irland, aber auch in Deutschland zu verheerenden Hungersnöten. Viele Menschen starben oder waren gezwungen, auszuwandern. Es gab eisige Winter, Überschwemmungen, Stürme und Feuer. Natürliche oder auch von Menschen verursachte Desaster wie z.B. Brandstiftung eignen sich hervorragend als Antagonisten, um unsere Figuren leiden zu lassen. Man sollte in jedem Fall herausfinden, ob sich in der Zeit unserer Geschichte Schlimmes zugetragen hat.

Selbst wenn es zur Zeit der Erzählung keine nennenswerten größeren Katastrophen gab, kann man die Spannung der Geschichte weiter erhitzen, indem man der Handlung z.B. ein Feuer oder die Zerstörung der Ernte als antagonistischen Einfluss hinzufügt.

Unterkünfte

Unterkünfte, in denen sich Menschen aufhalten, haben große Bedeutung für historische Autoren, denn sie sagen viel über die Situation, die Lage des Protagonisten und die historische Epoche aus.

Man denke an Schlösser, Burgen, Hütten (aus verschiedenen

Materialien), Zelte, Höhlen, Unterstände, Bunker, Villen, Türme, Mehrfamilienhäuser, Hochhäuser und Wolkenkratzer und wie vielfältig eine Behausung ausfallen kann.

Beispiel mittelalterliche Hütte
Außen
Am Rande des Dorfes hockte eine von Zäunen umgebene Hütte. Schwarzgefärbte Balken kreuzten die ehemals weißen und jetzt ergrauten Wände, die mich an ein Schachbrett erinnerten. Auf dem Sims hockte ein etwa zwölfjähriges Mädchen und enthülste Erbsen bei einer schwelenden Flamme. Es sah nicht auf, bis Bero das Gatter öffnete und seine Säue in das Gehege mit einem niedrigen Schuppen scheuchte. Ich schlich hinterher. Oppenlander, Annette: Immer der Fremdling

Innen
»Mutter, hab jemanden mitgebracht.« Bero fiel auf die Bank und ließ den Blick über den Tisch schweifen.
Ich stand unbeweglich da. Zwei Talglichter flackerten in flachen Tonschüsseln, schafften es aber kaum, die Finsternis zu erhellen. Die dichte Mischung aus Rauch, Staub und Körpergeruch war schlimmer. Angeekelt rieb ich meine Nase. Es half nicht.
Links hing die Decke so niedrig, dass ich sie mit der Hand berühren konnte, ohne den Arm auszustrecken. Die andere Hälfte verschwand im Nebel. Ein mickriges Feuer schwelte in einem steinernen Kamin an der hinteren Wand. Davor rührte eine Frau undefinierbaren Alters in einem gusseisernen Topf.« Oppenlander, Annette: Immer der Fremdling

8.2 Soziale Einflüsse

Etikette und Tischsitten
»Warum rülpset und furzet ihr nicht, hat es euch nicht geschmecket?« Diesen Spruch hat Martin Luther wohl nie getan, doch zeigt sich hier, was man damals vielleicht als normale Sitte empfand.

Was sich gehört, hat sich über die Jahrhunderte immer wieder geändert. Auch haben andere Länder andere Gepflogenheiten. So oder so lohnt es sich, mit den damaligen Sitten vertraut zu sein. Denn eine ansprechende Geschichte wird ihren Protagonisten sehr wahrscheinlich irgendwann essen lassen. Und wie er sich dabei benimmt, sollte, ja so ist es, für die Zeit bzw. die Auffassung der modernen Leser authentisch und glaubwürdig sein.

Liebe, Familie, Freunde, Nachbarn, Kinder, Spiele, Unterhaltung
Wie sah das soziale Leben der damaligen Zeit aus? Wie sprach man die Eltern oder den Gebieter an? Wie verhielt man sich

bei Hofe oder erzog seine Kinder?

Im Mittelalter galten Kinder mit sechs Jahren als erwachsen. Weil die Kindersterblichkeit so hoch war – 50 Prozent der Kinder starben vor dem siebten Lebensjahr –, waren die Eltern froh, wenn ein Kind sechs Jahre erreichte. Wie liebten sich die Menschen? In welchem Alter und wie wurde geheiratet?

Was machte man in seiner Freizeit, wenn es denn Freizeit gab? Welche Arten der Unterhaltung existierten, z.B. Theater, Musik/Konzerte oder Schaukämpfe? Gab es Gesellschaftsspiele, gingen die Menschen an die frische Luft, ritten aus oder veranstalteten Picknicks? Welche Feiern oder Feste gab es?

In der sehr kurzen Regency-Epoche Großbritanniens und Irlands (1811-1820), die bei Autoren sehr beliebt ist, scheint sich das soziale Leben der höheren Klassen nur auf Bällen abzuspielen. Welche Epoche man wählt, hängt vielleicht auch vom Subgenre ab.

Gesellschaftliche Normen: Hygiene, Begrüßung, Fluchen
Es heißt, dass der mittelalterliche Bauer Wasser nur zweimal im Leben sah, einmal nach der Geburt und einmal beim Sterben. In unserer industrialisierten, modernen Welt ist so etwas kaum vorstellbar. Welche Hygienerichtlinien oder auch Möglichkeiten es in der gewünschten Epoche gab, ist also von Wichtigkeit, wenn man Protagonisten und Handlung authentisch darstellen will. Schreibt man z.B. einen Western, in dem sich Reiter oder Pioniere wochen- und monatelang auf Reisen befinden, ist klar, dass die Menschen dieser Zeit sich kaum wuschen. Nicht weil sie es nicht wollten, sondern weil es selten Gelegenheit, z.B. genug Wasser gab, es zu kalt oder unpraktisch war, jede Menge extra Kleidung im Sattel mitzuführen. Auch trug man nur einen Hut, jeden Tag, im

Sommer wie im Winter, und der sah und roch bestimmt nicht besonders. Dagegen heißt es, dass viele Indianerstämme sich sehr sauber hielten und die ›Weißen‹ von weitem mit ihren Nasen erkannten.

Auch Gruß- und Abschiedsworte, Flüche, Sprichwörter und Redensarten haben sich über die Jahrhunderte immer wieder verändert. ›Scheiße‹ oder das englische ›Fuck‹ sind relativ modern. In manchen Gesellschaften wurde überhaupt nicht geflucht. Und wer für den Jugendmarkt schreibt, sollte beim Einsatz von Schimpfwörtern Vorsicht walten lassen. Die Eltern der jungen Leser tolerieren solche Verzierungen selten. Eine Geschichte zur Zeit Shakespeares (1564-1616) würde vielleicht höchst interessante und unterhaltsame Flüche enthalten. Dazu gibt es in der englischen Sprache sogar einen Online-Fluch-Generator (Link dazu im Anhang).

Damalige Redensarten oder Sprichwörter haben heute vielleicht keine Bedeutung mehr, spiegeln aber die Zeit der Geschichte wider. Bevor man also etwas Frisches und Lustiges in den Text einbaut, sollte man sichergehen, dass Denkweise und Worte tatsächlich damals vorkamen. (Mehr dazu unter Anachronismen und Dialog)

Erwartungen und Einstellungen

Jede Gesellschaft bringt Erwartungen und Einstellungen mit sich, in denen die Protagonisten und ihre Nebenfiguren leben. Wir sind das Produkt unserer Erziehung und unserer Umwelt. Dementsprechend sollten Plot, Handlungs- und Figurenbögen der Zeit angepasst sein. Man fragt sich also, was für die jeweilige Zeit realistisch oder denkbar ist, und richtet sich nach den Informationen, die über die Zeit zur Verfügung stehen.

Wenn also eine Figur allzu progressiv denkt und handelt und Dinge tut, die nicht in die Zeit passen, dann mag das dem Leser als unglaubwürdig erscheinen. Als Autoren sind wir geneigt, unseren Protagonisten besondere Fähigkeiten mitzugeben. Trotzdem sollten sich Figuren nicht allzu weit von ihren gesellschaftlich akzeptablen Rollen der jeweiligen Epoche entfernen.

Medizin, Krankheiten und Behandlungen

Große Fortschritte machte die Medizin erst in den letzten einhundert Jahren. Antibiotika, vor allem das Penizillin, wurden erst zum Zweiten Weltkrieg ausreichend erforscht und als Medikament entwickelt. Im amerikanischen Bürgerkrieg starben viel mehr Soldaten an Infektionen und Krankheiten als durch Schlachten.

Im Mittelalter verwendete man Aderlass, Blutegel und Brechmittel, man glaubte an die vier Körpersäfte Blut, Gelb- und Schwarzgalle und Weißschleim. Gleichzeitig entwickelte Hildegard von Bingen weitreichende medizinische Theorien und Anwendungen, die heute noch Anhänger finden.

Aufgrund der oft mangelnden Hygiene hat die Menschheit über die Jahrtausende viele Krankheiten erlitten. Daran maßgeblich beteiligt waren Ungeziefer, Ratten und widrige Lebensbedingungen. Wer sich ein Bein brach, starb entweder qualvoll oder wurde zum lebenslangen Krüppel. Für das Pech war das eigene sündige Verhalten verantwortlich, Gott hatte eine Strafe gesandt. Mitte des 14. Jahrhunderts raffte die Pest in Europa 25 Millionen Menschen dahin, etwa ein Drittel der damaligen Menschheit.

Tuberkulose oder Schwindsucht, Typhus, Fleckfieber, Diphtherie, Spanische Grippe und viele andere Krankheiten machten den Menschen das Leben schwer. In unserer Recherche ist es von Vorteil, die jeweilig grassierenden Krankheiten zu kennen. Sie eignen sich hervorragend, unserem Protagonisten oder einer Nebenfigur das Leben schwer zu machen. Manchmal bedient man sich der entsprechenden Krankheit als dramatische Technik, eine Figur stirbt – bitte nicht der Protagonist –, um emotionale Tiefe einzubringen.

Aufgrund mangelnder Kenntnisse ließen die Behandlungen oft zu wünschen übrig. Den Beruf des Arztes gibt es seit dem Altertum. Wie er behandelte, hing von der jeweiligen Zeit und dem Land ab.

Religion/Aberglaube – die Rolle der Kirche
Seit etwa 5.000 Jahren gibt es Religionen. Und seither üben diese Religionen in allen Teilen der Erde großen Einfluss aus. Egal über welche Zeit man schreibt, die spirituelle Welt der Geschichte sollte in unsere Erzählung hineinfließen. Religion beeinflusste nicht nur Regierungs- und Machtformen, sondern sie bestimmte oft den Alltag und die Lebensanschauungen der Menschen. Man denke an die Hexenverbrennungen, an Martin Luther, aber auch an den Holocaust.

8.3 Kultur

Stoffe und Kleidung, Mode und Haartracht, Hausrat und Nahrung

Um die Menschen der Zeit gut beschreiben zu können und das eine oder andere Detail einzubauen, spielt auch die Mode der Zeit eine wichtige Rolle. Zum Beispiel gab es im deutschen Mittelalter keine Baumwolle, sondern die Menschen trugen Leinen, Wolle, Leder und Nesselstoff.

Dagegen trugen die Menschen am Hof von König Louis dem XIV. (1638-1715) aufwendige Roben aus den feinsten Stoffen wie Samt, Seide, Spitzen, Pelze, Gold- und Silberstickereien. Die Haare wurden unter parfümierten und gepuderten Perücken versteckt. Welche Haarmode trug man in der damaligen Zeit? Gab es Hüte oder andere Kopfbedeckungen?

Um den Leser in die vergangene Zeit zu entführen, reicht es, das ein oder andere Detail zu erwähnen. Absätze oder gar seitenlange Beschreibungen, die nicht zur Geschichte der Handlung beitragen, sollte man weglassen. Man nutzt die historischen Details sozusagen als Gewürz, wobei Plot und Figuren die Hauptzutaten bilden.

Wie sah z.B. die Unterwäsche aus, wenn es überhaupt welche gab? Auch Taschen waren im Mittelalter unbekannt. Die Menschen trugen Kleinutensilien in Beuteln am Gürtel. Obwohl Knöpfe im 13. Jahrhundert in Deutschland erfunden wurden, wurden sie für Unterkleidung nicht verwendet. Reißverschlüsse gibt es erst seit 1851.

Welche Utensilien nutzte man im Haushalt? Wie sahen die Möbel aus? Im Mittelalter schliefen die Adeligen nackt unter Fellen, die Armen begnügten sich mit Strohsäcken. Seit wann gibt es Porzellan und Glas, welches Besteck wurde benutzt? Gabeln fanden erst im 16. Jahrhundert Einlass in die Küchen der Menschen. Meist nahm man bis dahin die Finger oder ein Messer. Auch Löffel gab es schon früher, weil die Menschen im Mittelalter, vor allem die armen Bauern, viel Brei und Suppe aßen.

Nahrungsmittel, Getränke, Kochen, Essen und Mahlzeiten
Wie ernährten sich die Menschen damals? Welche Nahrungsmittel standen zur Verfügung? Wie teuer waren sie? In einem meiner Romane trifft mein Protagonist auf amerikanische Soldaten. Die Geschichte spielt Ende des Zweiten Weltkriegs. Was also aßen die Amerikaner? Im Internet stieß ich auf ausführliche Beschreibungen der damaligen Feldrationen. Die kann man sogar selbst erwerben. In einem YouTube-Video öffnete ein Vlogger eine der rechteckigen Kartons und untersuchte den Inhalt: Dosenfleisch, Kräcker, Zucker, löslicher Kaffee, Camel-Zigaretten, Nestlé-Milchschokolade kamen zum Vorschein.

So viele Details gibt es aus einer früheren Zeit vielleicht nicht, aber man sollte versuchen, sich einen guten Eindruck über die zur Verfügung stehenden Nahrungsmittel und wie sie verwendet wurden, zu verschaffen.

Aus dem amerikanischen Zivilkrieg ist bekannt, dass die Soldaten damals salziges Schweinefleisch, Zucker, *Hard Tack*, einen steinartigen Keks, der nicht schlecht wurde, und viel Kaffee konsumierten. Wie man damit überleben konnte, ist erstaunlich. Vielleicht erklärt es, warum so viele Plünderungen vorkamen und wesentlich mehr Soldaten an Krankheiten als an Kämpfen starben. Auch historische Kochbücher geben Aufschluss darüber, wie und was früher gegessen wurde.

Der wohlhabende Adel des Mittelalters beeindruckte seine Gäste mit den buntesten Speisen. Dazu wurden teure Gewürze wie z.B. Safran, Pfeffer, Ingwer und Zimt importiert und von den Köchen in großen Mengen verarbeitet. Es gab Schaugerichte, die bunt und ungenießbar waren, die Hauptsache, man imponierte den Besuchern. Unsere heutigen Zungen könnten derart gewürzte Speisen nicht mehr verdauen. Natürlich gab es bei den armen Menschen nichts dergleichen. Sie hatten, wenn überhaupt, Zugang zu Kräutern, Knoblauch und Zwiebeln. Salz war damals teuer und bei armen Leuten unbekannt. Sie tranken auch niemals Wasser, da es oft verseucht war. Stattdessen gab es dünnes Bier und Molke.

Spiele, Unterhaltung, Musik, Theater
Gab es in der gewählten Epoche kulturelle Unterhaltung? Was machten Kinder und Erwachsene in ihrer Freizeit (wenn sie freie Zeit hatten)? Bereits im Mittelalter spielte man Backgammon und Fußball (mit einer Schweineblase), es gab Minnesänger und Barden, Schaukämpfe und Tanz. Indem man die kulturelle Entwicklung der Ära studiert und vielleicht in die Erzählung einbaut, verleiht man der Handlung weitere Authentizität.

8.4 Politik

Regierungsformen: Wer hat was zu sagen? Stände, Adel, Bauern, Bürger, Leibeigene, Könige und Kaiser
Jede Epoche folgte ihren eigenen Regeln. Wie sah die Regierungsform aus, wer hatte zu bestimmen und wie wirkte sich das auf die Gemeinschaft aus? Welche Gesetze gab es, die ich in meiner Geschichte aufgreifen kann, die das Leben meines Protagonisten mitbestimmen? Falls die Hauptfigur eine führende Stellung innehat, werden ihre Gedanken und Taten das widerspiegeln. Es lohnt sich also, die damaligen Machtverhältnisse zu studieren. Zum Beispiel spielte die katholische Kirche im Mittelalter eine wichtige Rolle, die oft mit dem machtführenden Adel konkurrierte.

Steuern
Wie finanzierten sich die verschiedenen Schichten? Welche Art Steuern wurden berechnet, wie wurden sie eingetrieben? Welche Auswirkungen hatten die Steuern auf die Armen und Reichen?

Kriege/Feinde

Welche Feinde operieren in der historischen Welt? Gibt es interne und externe politische Gegner, persönliche Feinde, die dem Protagonisten das Leben schwer machen? In vielen Epochen gab es Kriege, die das Leben der Menschen beeinflussten. Ist mein Protagonist in einer Machtposition, wird er das Kriegsgeschehen u.U. mitbestimmen oder ist er eins der Opfer? Auch ein einfacher Soldat kann als Protagonist interessant sein und z.B. an bekannten Schlachten teilnehmen. In jedem Fall sollte man den Verlauf der kriegerischen Handlung gut studieren.

Fragen: zum Kriegsgeschehen

- Wer kämpfte wann, wo und warum?
- Wie sah das tägliche Leben der Soldaten aus?
- Wovon und wie ernährten sie sich?
- Wo und wie schliefen sie?
- Welche Kleidung, Waffen und Ausrüstung trugen sie?
- Wie sahen die Lager aus, wie/wo wurde geschlafen?
- Womit vertrieben sich die Soldaten die Zeit?
- Welche Krankheiten gab es? Welches Ungeziefer? Wie wirkte sich das aus?
- Worüber sprachen die Männer?
- Welche militärischen Übungen wurden angeordnet? Wie oft, wie lange? Konsequenzen?
- Wer gab Befehle und wie wurden sie gegeben?
- Wie waren Regimente organisiert?
- Wie wurde der Standort gewechselt?

Schlachten

Ob man kleine Scharmützel oder große Schlachten wiederaufleben lässt, man sollte genau wissen, wie diese Kämpfe abliefen.

Fragen: Details einer Schlacht

- Wetterlage und Uhrzeit
- Geräusche, Gerüche
- Positionen
- Große Waffen, Artillerie, u.U. Luftkrieg

Waffen im amerikanischen Zivilkrieg

Vor Jahren hatte ich das Glück, James Alexander Thom, einen bekannten historischen Autor, kennenzulernen. Er bot an, eines meiner Manuskripte zu lesen. Er fand dann auch sehr schnell einen gravierenden Fehler. Die Waffe meines einfachen Soldaten hatte ich als ›rifle‹, also als Gewehr bezeichnet. Doch damals gab es keine regulären Gewehre, sondern ›rifled muskets‹ - Vorderlader. Das Laden und Schießen, die Handhabung des schweren Teils, waren kompliziert und langwierig. Die Schüsse waren ausgesprochen ungenau.

Beispiel Kampfszene

Als die Dämmerung über den Himmel zog, nahmen sie entlang einer Linie von riesigen Ilex Stellung. Das Land fiel leicht ab in Richtung eines dunklen Baches. Dichte Bäume bedeckten den Aufstieg auf der anderen Seite. Adam lag auf dem durchnässten Boden, den Kopf hinter einem Baumstumpf, Muskete darauf getrimmt. Angeblich versteckten sich Rebs auf der anderen Seite des Flüsschens, der lächerlicherweise Fishing Creek hieß. Was daran zum Fischen einlud, wusste er nicht, denn das Gewässer wirkte braun und modrig.
Der Angriff begann aus dem Nichts, Tausende von Mini-Explosionen flogen über das Wasser, ein hohes Summen wie Hornissenwolken mit tödlichen Stichen. Geschosse zersplitterten Holz, zersplitterten wie Schrapnell, produzierten ein dumpfes Geräusch, wenn sie ihr Ziel fanden, Fleisch und Knochen zerrissen. Mit jeder Runde wurde der Nebel dichter, bis Adam nichts mehr sehen konnte, die beißende Luft seine Augen und Nase quälte, wobei der Regen unvermindert weiterging. Oppenlander, Annette: Bis uns

nichts mehr bleibt.

8.5 Wirtschaft

Beruf, Arbeitstag, finanzielle Lage, Einkommen, Bezahlung, Stundenlohn, Zahlungsformen/Währung
Wie verbrachten die Menschen ihre Tage? Welcher Arbeit gingen sie nach, wie sah der Alltag aus? Gab es Lohn und wie sah der aus? Wurde mit Münzen bezahlt oder arbeiteten die Menschen als Leibeigene?

Je nach Epoche und Land, dem Status des Protagonisten, fallen die Antworten unterschiedlich aus. Auch wenn das Thema der Erzählung ein anderes ist, trägt das Verständnis über das wirtschaftliche und soziale System zu einer runderen Geschichte bei.

Technologie der Zeit (Strom, Wasser, Kommunikation, Produktion)
Wie sah das tägliche Leben aus? Wo bekam man Wasser, gab es Strom oder Gas, wie wurde beleuchtet oder eine Behausung erwärmt?

Zum Beispiel hatten die armen Bauern im Mittelalter kein Geld für Kerzen, sie nutzten Talglichter, und die spärlich – man richtete sich nach dem natürlichen Licht der Jahreszeiten.

Wie verbreiteten sich Nachrichten? Telefoniert wurde in Deutschland erst am Ende des 19. Jahrhunderts. Mein Vater erzählte mir, dass er, als meine Mutter Wehen bekam, zehn Minuten zur nächsten Telefonzelle gelaufen ist – das war 1955. Natürlich spielte da auch der Zweite Weltkrieg eine Rolle, der fast ganz Deutschland in Trümmern hinterließ. Das heißt, auch 1955 hatte meine Familie noch kein eigenes Telefon im Haus.

In Frankreich gab es bereits im 17. Jahrhundert eine gut funktionierende optische Telegrafie. Die elektrische Telegrafie kam später. Wie Informationen verschickt wurden, richtete sich auch nach dem Land.

Dafür gab es bereits 1646 einen Postdienst zwischen manchen deutschen Städten. Wie kommunizierten die Menschen miteinander, wenn sie räumlich getrennt lebten? Wie lange brauchte ein Brief, eine Postkarte? Was kostete der Versand? Wie viel Prozent der Menschen konnten überhaupt lesen und schreiben? Erst 1919 wurde in Deutschland die allgemeine Schulpflicht eingeführt.

Reisen
Reisen, wie wir es heute kennen, ist ein modernes Phänomen der industriellen Nationen. Man reist zum Spaß, zur Erholung, um sich zu bilden oder Neues zu entdecken. Reisen waren in früheren Zeiten den Wohlhabenden belassen, auch sie reisten zur Erholung oder um ihren Wohnsitz zwischen den Jahreszeiten zu wechseln.

Reisen vor dem Technologiezeitalter war mühsam, langwierig

und oft lebensgefährlich. Die meisten Menschen reisten gar nicht und wer sich auf den Weg begab, kam langsam voran. Es konnte gefährlich sein, nicht nur, weil man den Elementen ausgesetzt war, sondern weil Wegelagerer und Raubritter lauerten. Reisen mit dem Schiff dauerten Monate und bedeuteten oft, dass der Reisende nicht zurückkehren würde.

Eine Reise eignet sich hervorragend, um zusätzlich Spannung aufzubauen und unseren Protagonisten in Gefahr zu bringen.

Fragen

- Wohin sollte mein Protagonist verreisen? Warum – passt die Reise zum Plot?
- Welches Transportmittel, wenn überhaupt, nutzt er?
- Welche Gefahren waren damals typisch?
- Wie kann ich mit einer oder mehrerer Gefahren und/oder Komplikationen die Spannung erhöhen?

Kapitel 9: Geschlechter und die Rolle der Frau

Mit den unterschiedlichen Machtverhältnissen der Länder und Epochen gehen auch unterschiedliche und wechselnde Geschlechterrollen einher. Was eine Frau zu einer bestimmten Zeit *durfte*, welche Aufgaben sie innehatte, wie sie sich verhielt, was man von ihr erwartete, beeinflusst nicht nur die Handlung, sondern wirkt sich auf Dialog und Interaktionen der Figuren aus.

Gerne werden Frauen als Protagonistinnen gewählt, die dann Großes, Mutiges und Gewagtes vollbringen. Wiederum bewältigt der historische Autor hier eine Gratwanderung. Auf der einen Seite unterscheidet sich die Hauptfigur von ihren Artgenossen, sie hat etwas Bewundernswertes an sich. Gerade deswegen ist sie ja die Heldin der Geschichte. Aber diese Heldin sollte nicht so ungewöhnlich handeln, dass es für die damalige Zeit unglaubwürdig wäre. Immer wieder gab es in der Menschheitsgeschichte starke Frauenfiguren, die sich anders verhielten, z.B. Männerkleider trugen, Bücher schrieben oder auf Abenteuerreise gingen.

Ein Autor sollte also prüfen, wie wahrscheinlich es für die gewählte Epoche ist, dass seine Figur sich moderner, ungewöhnlicher, stärker, mutiger oder einfach anders verhält. Eine Protagonistin kann heroisch sein, doch sie sollte nicht nach heutigen Maßstäben denken und handeln.

Fragen: Frauen als Protagonisten

- Welche Frauen lebten zu der damaligen Zeit?
- Wie unterscheiden sie sich von anderen Frauen? Von meiner Protagonistin?
- Wie verbrachten die Frauen ihren Tag, welche Bildung hatten sie, übten sie besondere Berufe aus, arbeiteten sie selbstständig, z.B. als Künstlerin, oder reisten?
- Wie kann ich meine Frauenfigur herausheben, ohne sie zu modern zu gestalten?
- Welche Stärken hat meine Frauenfigur? Sind diese glaubwürdig und der Zeit angemessen?
- Wie sahen die Beziehungen zu anderen Personen – Ehemann, Kindern, Frauen, Männern, Untergebenen oder Autoritätspersonen – aus?
- Wie kann sich meine Frauenfigur verhalten, wie kann sie sprechen und denken, ohne ihren historischen Bezug zu verlieren, mit anderen Worten, wie gestalte ich sie glaubwürdig und authentisch?

Kapitel 10: Zu viel oder nicht genug Details – was ist relevant?

Nachdem wir eine Liste der notwendigen Informationen zusammengestellt haben, die man recherchieren kann und die meistens nützlich sind, müssen nicht alle Details vorab bekannt sein. Was allerdings in fast allen Fällen hilft, ist ein gutes Gefühl für die Umgebung, eine Art **inneren Lageplan** zu erarbeiten. Aus diesem Begreifen heraus wächst dann die Erzählung wesentlich leichter.

Die historische Welt als Mittel zum Zweck
Letztendlich dient die historische Welt als Hintergrund, Plotaufhänger und Mittel zum Zweck. Nicht nur versetzt eine gut integrierte historische Welt den Leser in die Vergangenheit, die Beschreibung eines Ortes kann Handlungen vorausdeuten sowie positive oder unheilvolle Gefühle vermitteln.

In diesem Beispiel hat der dreizehnjährige Protagonist Günter einen Bunker besichtigt. Es ist das erste Mal in der Erzählung, dass der Leser von der Klaustrophobie des Jungen erfährt, dass der Junge vielleicht selbst begreift, dass er in geschlossenen Räumen ein Problem hat. Gleichzeitig deutet dieser Gedankengang auf zukünftige Probleme hin.

»Wie Pilze waren Bunker in der ganzen Stadt aus dem Boden geschossen. In unserer Nachbarschaft Brühl stand das neue Gebäude fünf Stockwerke hoch, eine Monstrosität aus Beton und Stahl. Ich erwähnte nicht, wie sich mein Magen umgedreht hatte, sobald Helmut die Tür des Bunkers geschlossen hatte. Es war fürchterlich düster gewesen und die Wände schienen auf mich einzudringen. Die wenigen Fensterschlitze waren zu klein, um hinauszusehen, noch erlaubten sie ausreichende Luftzufuhr – nur die Illusion, dass ein Entkommen möglich wäre. Mir war der Atem im Hals steckengeblieben. Schatten waren wie Geister entlang der Wände gekrochen und hatten nach meiner Seele verlangt. Die weißemaillierten Schlafstellen an der Wand hatten mich an Krankenhausbetten erinnert.« (Vaterland, wo bist Du?, Annette Oppenlander)

Historische Details

Wer viel recherchiert hat, ist vielleicht geneigt, dem Leser das ein oder andere mitteilen zu wollen. Immerhin gibt es so wunderbare Beschreibungen, die prima zur Geschichte passen. Richtig?

Nein. Nur was wirklich für die Figuren und deren Handlungen und Dialoge notwendig ist, sollte im Buch Platz finden. Leser spüren sehr schnell, wenn über mehrere Absätze Figuren, Landschaft oder Hausrat beschrieben werden, die Protagonisten sich über Dinge unterhalten, die den Plot nicht weiterbringen.

Das Tempo verlangsamt sich!

Der Leser beginnt zu überspringen ... er langweilt sich. Straffes Schreiben ist reine Lernsache und verbessert sich mit zunehmender Erfahrung. Spätestens wenn Probeleser und Lektor das Werk sehen, werden langatmige Beschreibungen gekürzt.

Tipps

- Immer nur Details einarbeiten, die aus der Erzählperspektive des Protagonisten in der Szene von Bedeutung sind. Er wird sich z.B. nicht langatmig über den Stil seiner Kleidung auslassen.

- Immer abwägen, wie viele Informationen für Handlung und Figuren wichtig sind, sie besser beschreiben oder vorantreiben. Das ein oder andere Detail in kleinen Portionen über mehrere Kapitel einarbeiten.

- Dem Leser nicht wie ein übereifriger Lehrer zu viel erklären wollen, denn erstens wird es der Leser merken und zweitens verlangsamt es den Lesefluss und lenkt vom Plot ab.

Eventuell kann man zu besonders interessanten Themen im Anhang Stellung nehmen und weitere Beschreibungen/Erklärungen hinzufügen. Dann bleibt es dem Leser überlassen, ob er weiterlesen will.

Wie lange und was sollte man recherchieren?
Wie lange und wie viel soll man denn recherchieren? Das kommt auf die Geschichte an. Eine biografische Arbeit, für die ich vielleicht persönliche Interviews benötige oder mir Dinge suchen muss, die sich in Archiven verstecken, kann einige Wochen bis Monate, selbst Jahre in Anspruch nehmen. Man liest immer wieder, dass ein historischer Autor mehrere Jahre an einem Buch gearbeitet hat.

Wer als historischer Autor ein berufliches Auskommen

entwickeln möchte, kann sich derart lange Recherchezeiten nicht leisten. Nicht alles, was oben beschrieben steht, muss man zum Schreibbeginn wissen. Im Gegenteil, viele Einzelheiten kann man während des Schreibens herausfinden.

Man sollte unbedingt ein Grundwissen entwickeln, d.h. die Rahmeninformationen der historischen Welt studieren. Man sollte ein ›Gefühl‹ für die Epoche oder auch ein historisches Ereignis entwickeln. Wenn man einige Bücher über die Epoche gelesen hat, wird sich im Geist ein Bild einstellen. Das hängt natürlich auch davon ab, wer der Protagonist ist, z.B. reich oder arm, berühmt oder unbekannt. Detailinformationen in einer Szene, z.B. was es zu essen gab und wie der Tisch aussah, kann man dann kurzfristig nachsehen. Denn viele dieser Fragen kommen erst während des Schreibens auf. Selbst wenn man die Geschichte vorplant, Szenen schon vor dem Schreiben entwirft, ist es unmöglich, zu wissen, was vielleicht fehlt. Wer aus dem Bauch heraus und ohne Gliederung schreibt – im englischen Sprachgebrauch nennt man das einen ›Pantser‹ – der wird viele historische Einzelheiten *während* des Schreibens hinzufügen.

Der Vorteil ist, dass man nicht viele Monate oder Jahre mit der Recherche verbringt und vielleicht nie anfängt, weil es immer noch mehr Informationen zu sammeln gilt. Nach Jahren hat man dann so viel gesammelt, dass es einen über den Kopf schlägt.

Wer mit historischen Romanen ein Einkommen aufbauen will, muss effizienter produzieren können. Und dazu gehört auch, dass man nicht ewig mit dem Schreiben wartet. Vereinfachend kann man auch eine Serie oder mehrere unabhängige Werke einer Epoche schreiben und die bereits eingeholten Informationen immer wieder neu verwenden.

Letztendlich ist für den Leser nur eins wichtig: die Geschichte muss authentisch und spannend sein, sie muss Qualität haben. Dann hat sie Aussicht auf Erfolg und darauf, dem Autor ein gewisses Einkommen zu ermöglichen.

Wer also dazu neigt, sich in der Recherche zu verlieren, wird sich Ziele setzen müssen oder zumindest ehrlich einige Fragen beantworten wollen.

Tipps

- Man fragt sich ... warum recherchiere ich so lange?
  - Ich schiebe das Schreiben hinaus, weil ...
  - Wovor habe ich Angst? Was macht mich nervös?
- Man setzt sich ein zeitliches Ziel mit einem spezifischen Datum
  - Zum Beispiel drei Monate Recherche und dann beginnt die aktive Schreibphase
- Man schreibt parallel
  - Morgens schreiben, nachmittags recherchieren
- Man wählt drei bis vier Hauptwerke der gewünschten Epoche, studiert diese, um sich eine gute Kenntnis der Welt zu verschaffen. Sobald man damit fertig ist, beginnt das Schreiben.

Informationsorganisation
Gerade bei der historischen Recherche trifft man auf riesige Mengen historischer Details, Fakten, die man unmöglich alle behalten kann. Wie wird man also der Informationen Herr und findet sie während des Schreibens wieder? Wer im Archiv oder einer Bibliothek recherchiert, deren Dokumente nicht

auszuleihen sind, kann entweder Kopien herstellen oder z.B. mit dem Handy Fotos ablichten.

Grundsätzlich kann man entscheiden, ob man lieber auf Papier oder virtuell Informationen sammelt. Papier hat den Vorteil, dass man sortieren und etwas ‚in der Hand' halten kann. Papierseiten lassen sich auseinanderbreiten, neu sortieren, markieren. Der Nachteil ist, dass Kopien aufwendiger und teurer sein können, sie fressen Papier und belasten die Umwelt. Man hat ebenfalls die Möglichkeit, Computerdateien mit Notizen zu versehen, sie zu unterstreichen und zu sortieren. Bei der virtuellen Datei sollte man darauf achten, jedes Dokument sehr genau zu benennen. Sonst steht man am Ende vor der Aufgabe, alles zu durchsuchen, bis man etwas Spezielles gefunden hat.

Auch Software-Schreibprogramme helfen bei der Sortierung von Daten, doch ist die Anschaffung eines speziellen Programms auch für historische Autoren nicht notwendig. Wer jedoch ein spezielles Programm nutzen möchte, kann z.B. in Software wie Papyrus, Scrivener, DramaQueen oder Patchwork investieren. Man sollte sich auf eine Einarbeitungszeit einstellen, die zusätzlich zur Recherche notwendig ist.

Ich schreibe in Microsoft Word und nutze eine Kombination aus Kopien in einem Ordner, den ich nach Themen sortieren kann, sowie Onlinedateien von Informationen, die ich unter der entsprechenden Rubrik sammele.

Techniken

- Jedes Dokument detailliert benennen, nach Schwerpunkt sortieren

- Ordner, Trennblätter, Sticker und Blattmarkierer, Buntstifte, Leuchtstifte, Karteikarten
- Blattmarkierer für Bücher
  - Wichtige Informationen separat notieren, denn ein Buch ist lang, und man vergisst zwischendurch vieles wieder
  - Ich markiere meine Bücher nicht mit Leuchtstiften, höchstens mit Bleistift, aber das ist eine persönliche Präferenz.

Grundsätzlich hängt es auch vom Lernstil ab, welche Methode(n) man bevorzugt. Wie gut und lange kann man sich etwas merken? Wichtige Details würde ich auf jeden Fall separat und vielleicht in Papierform sammeln, auch, um mein Gedächtnis zu unterstützen. Nichts ist frustrierender, als stundenlang nach einer Information zu suchen, die sich irgendwo in den Quellen versteckt.

Welt vereinfachen
Moment mal, haben wir nicht gerade noch betont, wie wichtig es ist, historische Ereignisse und Personen in ihren Welten bis ins Kleinste zu recherchieren und so exakt wie möglich in unserem Manuskript aufzunehmen? Richtig, das sollte das Ziel sein. Gleichzeitig gibt es Epochen, Personen und Begebenheiten, über die es so viele Informationen gibt, dass uns die Masse schier erschlägt. Man denke an einen Königshof, wo es vielleicht Dutzende von Personen gab, die ein und aus gingen, Ereignisse, die so komplex sind, dass die Lage unübersichtlich wird. Man weiß nicht mehr so recht, was alles in den Text soll. Man verzettelt sich.

Was also tun? Nach dem ›Tief-Luft-Holen‹ überlegt man sich, welche Informationen für die eigene Geschichte wichtig sind.

Wie lassen sich die historischen Informationen vereinfachen, nicht nur für mich, sondern später für den Leser? Denn wenn es für uns Autoren kompliziert wird, die sich Wochen, Monate und Jahre mit der Historie beschäftigt haben, dann ist es dem Leser kaum zumutbar, sich durch den Text zu pflügen.

Fragen: Geschichte vereinfachen, optimieren

- Welche Person(en) brauche ich, um meinen Plot voranzutreiben?
  - Kann ich Randfiguren kombinieren oder ausschließen? Randfiguren, die weniger wichtig sind, können oft mehrere Aufgaben übernehmen.
- Welche Begebenheiten sind für meinen Plot ausschlaggebend?
  - Welche Handlung(en) kann ich weglassen oder kombinieren?
- Welcher Teil der historischen Welt ist wichtig?
  - Lokalitäten
  - Kann ich Orte kombinieren?

Im Autorenkommentar kann man zur Vereinfachung Stellung nehmen, erklären, warum man wie gehandelt hat.

Zeitstrahl bauen

Falls man tatsächliche Ereignisse und Handlungen echter Personen verwendet, die vielleicht viele Details enthalten und/oder über mehrere Jahre passieren, selbst wenn man Figuren erfindet und es nur historische Ereignisse sind, lohnt es sich, einen visuellen Zeitstrahl zu bauen. Denn nach der Bearbeitung von viel Material wird kaum jemand die einzelnen Geschehen auswendig im Kopf behalten.

Ideen: Zeitstrahl

- Karteikarten auf ein Korkboard heften. Immer wenn man etwas Neues über die Handlung erfährt, vermerkt man Zeit und Ort, eine kurze Beschreibung etc. und heftet sie chronologisch in einer Reihe, so wie die Handlung abgelaufen ist oder was die Romanfiguren erleben.
- Alternativ nimmt man ein Whiteboard und schreibt wichtige Informationen chronologisch auf.
- Auch online, z.B. mit Microsoft Word oder PowerPoint, kann man einen Zeitstrahl erstellen. Microsoft bietet eine einfache Version kostenlos zum Download: templates.office.com/de-de/zeitstrahl-tm01016265

Die Handlungen eines zweiten Protagonisten oder einer wichtigen Nebenfigur kann man auf derselben Schiene oder separat auflisten. Wenn sich die Ereignisse und Handlungen der Figuren miteinander verflechten, lohnt es sich, alle gemeinsam auf einer großen Zeitschiene einzubringen.

Wie man die damalige Zeit und die erfundenen oder tatsächlichen Ereignisse organisiert, ist letztendlich egal. Ich kann nur aus Erfahrung sagen, dass nach einer Weile, wenn man tief im Geschehen des Manuskripts steckt, eine Zeitschiene hilft, den Plot einfacher zu organisieren und

Verzettelungen, gar Fehler zu vermeiden.

Schreiben effektiv planen

Jetzt ist der große Moment gekommen und wir können zu schreiben beginnen. Doch ein Buch ist ja so lang, 300 bis 400 Seiten zu füllen scheint ein riesiges, unüberschaubares Projekt, für das es neben unserem Beruf, unseren Verpflichtungen mit Familie und Freunden nie genug Zeit gibt. Also fangen wir erst gar nicht an.

Ein Roman fügt sich aus kleinsten Teilen zusammen, die wir mit Regelmäßigkeit erstellen.

Ich sage es noch mal, ein Roman wird aus Wörtern, Sätzen und Absätzen zusammengebaut. Wie viel wir an einem gegebenen Tag schreiben, ist weniger wichtig, als dass wir **regelmäßig**, also z.B. fünf Tage die Woche daran arbeiten und diese Aufgabe in unseren Tagesablauf integrieren. Es geht also nicht darum, an einem Tag sechs oder acht Stunden am Computer zu schwitzen, sondern um überschaubare, aber sehr regelmäßige und planbare Zeitabschnitte, die durchaus sehr kurz ausfallen können.

Dafür habe ich keine Zeit, das schaffe ich nie! Doch! Es ist viel einfacher, als man denkt, solange man regelmäßig daran arbeitet, z.B. abends oder morgens vor der Arbeit. Innerhalb einer Woche schafft man vielleicht 5.000 Worte, d.h., im Durchschnitt sind das bereits nach 20 Wochen 90.000 bis 100.000 Wörter, unser Manuskript ist also in weniger als fünf Monaten fertig. Selbst wenn es sechs Monate werden, ist der Zeitraum für die erste Manuskriptausgabe relativ kurz.

Das regelmäßige Schreiben hat noch einen anderen Vorteil. Unser Gehirn beschäftigt sich mit der Materie nicht nur während des Schreibprozesses, sondern auch den Rest des

Tages. Je regelmäßiger wir uns mit der Erzählung befassen, desto härter arbeitet unser Unterbewusstsein an Handlung und Figuren.

Letztendlich muss sich jeder individuell entscheiden, wie er schreibt und was täglich oder wöchentlich machbar ist. Denn es gibt keine Regel, wie lange man an einem Buch schreiben darf. Ein Autor produziert ein Manuskript in zwei Monaten, der nächste braucht fünf Jahre.

Wichtig ist, dass man sich selbst eine regelmäßige Auseinandersetzung mit der Materie ermöglicht und sie in den eigenen Alltag integriert.

III.   Figuren
Kapitel 11: Historische oder fiktive Figur(en)

Als Autor historischer Romane hat man die Wahl, eine Geschichte über echte, historische Figuren zu schreiben, alle Figuren zu erfinden oder eine Kombination aus erfundenen und realen Personen zu entwickeln.

Historische Persönlichkeit als Protagonist
Wer über Personen schreibt, die tatsächlich gelebt haben, muss sich ausführlich mit ihnen und deren Welt – mehr dazu im nächsten Kapitel – beschäftigen. Je weniger Zeit seit dem Ableben vergangen ist, je mehr über die Person bekannt ist, desto genauer muss sich der Autor mit ihren Details beschäftigen. In diesem Fall ist die vollständige biografische Recherche unerlässlich.

Grundsätzlich gilt, dass weiter zurückliegende Geschichte einfacher zu schreiben ist, weil weniger Details bekannt sind und der Autor deshalb weitaus mehr Freiheit hat, seine historische Welt zu besetzen. Über den Zweiten Weltkrieg oder selbst über den amerikanischen Zivilkrieg (1861-1865) sind enorm viele Details über zentrale historische Persönlichkeiten bekannt, selbst Wetterlagen wurden damals schon dokumentiert. Es gibt Historiker oder einfach Geschichtsliebhaber, die die Fehler in der Geschichte, d.h. Ungereimtheiten der historischen Person, ganz schnell ausschnüffeln. Kommen zu viele Widersprüche vor, leiden die Rezensionen und die Chancen, dass neue Leser das Buch aufgreifen.

Laura Hillenbrands historischer biografischer Roman »Seabiscuit« über ein Rennpferd, das ein ganzes Land aus dem Leiden der Weltwirtschaftskrise hebt, ist ein wunderbares Beispiel eines biografischen Romans, der so beginnt:
Charles Howard schien wie eine gigantische, anstürmende Maschine: Man musste entweder draufklettern oder aus dem Weg springen. Er rauschte in einen Raum, drehte an einer Zigarette in seinen Fingern, und die Leute folgten ihm wie Lotsenfische. Sie waren machtlos. Howard war 1935 achtundfünfzig Jahre alt und ein großer, strahlender Mann in einem großen Anzug und einem sehr großen Buick. Aber es war nicht seine körperliche Haltung, die dies bewirkte.
Hillenbrand, Laura: Seabiscuit

Nicht nur wissen wir durch die wenigen Zeilen, wie Charles Howard aussah, wir erkennen in dieser Beschreibung sein Wesen, seinen Charme, etwas, das aus dem Inneren strahlt. Diese Art Beschreibung ist aufregend, wir wollen fast selbst auf die Maschine springen und Charles Howard folgen und ihn näher kennenlernen.

Achtung Rufmord
Wer über Personen schreibt, die noch leben oder erst seit kurzer Zeit verstorben sind und deren Nachkommen noch leben, sollte vorsichtig agieren. Während man durchaus Fakten einfließen lassen kann, ist davon abzuraten, Negatives über die Person zu berichten. Selbst wenn diese Informationen der

Wahrheit entsprechen, auch wenn sie aus Quellen eindeutig hervorgehen, d.h. die Person schlimme Dinge getan hat, ist Vorsicht geboten.

Wikipedia bezeichnet als Rufmord »das Aufstellen ehrverletzender Behauptungen über eine Person, obwohl bekannt ist, dass sie unwahr sind, siehe Verleumdung

• eine ehrverletzende Tatsachenbehauptung, im Strafgesetzbuch aufgeführt, siehe Üble Nachrede

• das gezielte Untergraben des in eine Person oder Sache gesetzten Vertrauens, siehe Diskreditierung«.

Man sollte sich überlegen, in welchem Licht die historische Person dargestellt werden soll. Rufmord ist ein gefährliches Pflaster. In den USA verschwindet nach Ableben einer Person die rechtliche Grundlage für Rufmord. In Deutschland setzen sich die Rechte der Angehörigen des Toten fort. Wie lange eine Person geschützt ist, ist nicht ganz eindeutig definiert und ich will mir nicht anmaßen, in diesem Ratgeber Rechtsauskunft zu geben. Dafür sollte man sich an die entsprechenden Anwälte wenden und sich beraten lassen.

Leichter hat man es mit Personen, die schon lange, also mehrere Generationen verstorben sind. Trotzdem macht man sich u.U. mit biografischen Geschichten, deren Figuren zum großen Teil oder allesamt auf echten Personen basieren, auch aus anderen Gründen das Leben schwerer. So viele Menschen bis ins Kleinste aufzuspüren und deren Taten nachzuvollziehen ist

• oft schwierig, weil man nicht immer die richtigen Quellen findet,

• oft extrem zeitaufwendig, da es so viele Einzelheiten zu erforschen gilt,

• und letztendlich kann eine solche Geschichte die Kreativität massiv einschränken.

Echt kann auch langweilig sein

In diesem Zusammenhang möchte ich noch auf ein anderes Problem aufmerksam machen. Wenn man über Menschen schreibt, die man selbst kennt oder gekannt hat, dann ist man vielleicht geneigt, sich in einer biografischen Arbeit ganz an die echte Person zu lehnen, d.h. Charakter und Geschehen realistisch, also biografisch wiederzugeben. Das kann funktionieren, wenn die Person wirklich Heldenhaftes vollbracht hat. Es kann aber auch dazu führen, dass die Geschichte nicht so interessant oder lebendig ausfällt, wie es sich ein Romanleser wünscht. Denn viele Menschen sind vielleicht nicht so heroisch, wie man sie für den Protagonisten eines Romans benötigt. Das führt zu dem Dilemma, die wahre Person entweder anders darzustellen, als sie in Wirklichkeit war, ihr gewisse Eigenschaften oder Handlungen anzudichten – oder eine gewisse Langeweile in Kauf zu nehmen. Letztendlich ist ausschlaggebend, dass die Erzählung spannend ist. Und wenn man dazu Änderungen vornehmen muss, sollte man das zu Gunsten der Qualität tun.

Ist das denn erlaubt? Ich will nicht sagen, dass alles erlaubt ist, aber ... also gut, wenn man es richtig erklärt und einordnet, kann man aus der Biografie einen biografischen Roman machen und im Autorenkommentar dazu einiges erklären.

Fazit

Eine echte historische Persönlichkeit kann eine echte Bereicherung für die historische Geschichte sein, sie kann aber auch einengen, uns in unserem kreativen Prozess behindern und zu einer langweiligeren Erzählung beitragen. Deshalb sollte man historische Personen mit Bedacht wählen und sich darüber im Klaren sein, dass gewisse kreative Umgestaltungen notwendig sein können.

Grundsätzlich vollzieht der Autor auch hier eine Gratwanderung, muss abwägen, warum er die Person auswählt und was für die Handlung notwendig ist. Zu große Freiheiten, die man sich im Sinne der Kreativität herausnimmt, führen zu einer alternativen Historie. Es sei denn, man schreibt in diesem Genre, ansonsten sollte man sich eher näher an der historisch überlieferten Wahrheit orientieren.

Erfundene Hauptfiguren

Es existieren jede Menge historische Werke, deren Figuren genauso erfunden sind wie der Plot. Man könnte auch sagen, dass der Autor lügt, weil er Figuren, Handlung und Dialog erfindet. Doch vielen Lesern historischer Werke ist das egal, denn wie bereits erwähnt, zählt die spannende Geschichte. Und auch bei komplett fiktiven Geschichten erwarten Leser, dass die historische Welt der gewählten Epoche nachvollziehbar und authentisch beschrieben ist. Und in vielen Fällen nutzt der Autor historische Ereignisse als Hintergrund, sozusagen als Rahmen für die eigenen Figuren und den Plot. Erfundene Figuren bieten dem Autor die größte kreative Freiheit.

Auch bei einer frei erfundenen Geschichte ist es wichtig, sich die historischen Informationen damals lebender Personen anzueignen. Man sollte wissen, wie man in der Vergangenheit lebte, dachte und handelte, damit die erfundene Figur nicht völlig anders, also unglaubwürdig rüberkommt. Sie sollte sich in die historische Welt genauso einfügen wie historische Personen, die damals lebten.

Kombination aus erfundenen und echten Personen

Bei historischen Romanen findet man oft eine kombinierte Figurenwelt, in der die Hauptfigur erfunden ist, aber am Rande mit echten Personen zu tun hat bzw. in tatsächlich geschehene Gegebenheiten verwickelt ist. Diese Technik verleiht einer

Geschichte besonders viel Authentizität, sofern sie sich an die geschichtlich bekannten Sachverhalte und Handlungen hält. Allerdings ist die Verarbeitung echter historischer Personen nur dann sinnvoll, wenn diese in irgendeiner Form wichtige Persönlichkeiten waren *und* sie für die Handlung ausschlaggebend sind.

Ob man historische Personen wählt oder Figuren erfindet, der Reiz, aber auch die Herausforderung der historischen Erzählung ist es, die Menschen der Vergangenheit zum Leben zu erwecken, sie ›wahr‹ werden zu lassen, ihnen Emotionen, Wünsche, Ängste und Stärken und Schwächen einzuhauchen – sie Mensch werden zu lassen. Genau diese Vermenschlichung ermöglicht es dem historischen Autor, die trockene Materie Geschichte in etwas Lebendiges zu verwandeln, das den Leser mitreißt und vielleicht neue Erkenntnisse zutage bringt. Wie man Menschen zum Leben erweckt, besprechen wir im nächsten Kapitel.

Zeitsprünge und Zeitreisen

Ebenfalls großer Beliebtheit erfreuen sich Romane, die parallele Handlungen in zwei Epochen verfolgen, z.B. in der Gegenwart starten und dann in die Vergangenheit (oder hin und her) springen, normalerweise, um alte, historische Geheimnisse aufzudecken. Hier ist es wichtig, die Zeitsprünge logisch und nachvollziehbar zu ordnen und jedes Kapitel eindeutig mit dem jeweiligen Datum zu identifizieren. Wer eine Geschichte mit Zeitsprüngen schreiben will, sollte sich mehrere Romane anschauen, in denen Autoren dies gekonnt demonstrieren. Sie bedienen sich dabei oft verschiedener Erzählperspektiven, z.B. erste und dritte Person, und Zeitstrukturen, z.B. Gegenwarts- und Vergangenheitsform.

In der Regel gewöhnt sich der Leser an jede Organisation, solange sie nachvollziehbar ist. Ob die Aufteilung funktioniert, kann man z.B. mit Hilfe von Betalesern testen.

Auch Zeitreisen in eine frühere Epoche sind beliebt. Sie erlauben dem Autor moderne Figuren in historischen Handlungsorten aufleben zu lassen, ihre modernen Sicht- und Denkweisen den vergangenen Einstellungen gegenüberzustellen. Allein daraus ergeben sich interessante Situationen. Eine der bekanntesten und erfolgreichsten historischen Zeitreiseserien ist Diana Gabaldons Highland Saga *Outlander*, in der Claire Fraser, die moderne Protagonistin, durch einen Steinkreis versehentlich im Schottland des 18. Jahrhunderts landet und dort den heldenhaften Jamie MacKenzie Fraser kennenlernt und sich in ihn verliebt. Auch Michael Crichtons Timeline bedient sich dieser Technik und es gibt inzwischen viele Nachahmer.

Egal, welche Epoche, Techniken oder Figurenkombinationen man wählt, die Hauptsache ist es, eine einmalige oder zumindest ungewöhnliche Erzählung zu entwickeln, Figuren, Plot und Epoche so zu vermischen, dass sie im überhitzten Belletristikmarkt positiv auffallen.

Kapitel 12: Historische Figuren, die mitreißen

Der Erfolg eines historischen Romans steht und fällt auch mit den Figuren der Geschichte. Doch was macht einen Menschen aus? Denken wir an eine uns gut bekannte Person, einen Freund oder Partner. Allein die äußerliche, detaillierte Beschreibung würde einige Zeit kosten. Dazu kommt sein Innenleben, sein Charakter, ein komplexes Gemenge von Gedanken, Gefühlen, Erfahrungen und Meinungen, die von seinem bisherigen Leben geprägt wurden.

Fast genauso komplex sollten unsere historischen Romanfiguren sein. Ob erfunden oder real, ein historischer Roman basiert auf der Entwicklung starker, lebensechter Figuren. Um sie, ihre Motivationen und Handlungen besser zu verstehen, sollte sich der Autor eingehend mit jeder Figur beschäftigen.

Am besten eignen sich dafür Listen, auf denen man so genau wie möglich die Merkmale und Charakterzüge der Figuren erfasst/erfindet. Nicht alle Informationen wandern als

Beschreibung in die Erzählung, die genaue Definition unserer Figuren informiert und beeinflusst aber indirekt das Geschehen und die Interaktionen zwischen den Figuren.

Äußerlichkeiten

• Haare (Haarfarbe – bitte nicht nur blond, braun oder schwarzhaarig, Länge, Frisur, Beschaffenheit usw.), siehe auch Ideen zum Beschreiben von Haaren (englisch) https://grammar.yourdictionary.com/word-lists/336-creative-words-to-describe-hair-in-writing.html

• Figur/Haltung (schlank, sehnig, schlaksig, knochig, dürr, breitschultrig, fleischig, rund, dick, usw.)

• Größe

• Rasse

• Gesicht (Mund, Nase, Stirn, Ohren, Ausdruck usw.), z.B. eine schmale Oberlippe, die immer verschwindet, wenn der Protagonist wütend wird

• Haut (Sommersprossen, Muttermale, Warzen, Falten, rot, blass, feucht, gesund, kränklich usw.)

• Augen (Farbe, Form, Wimpern, Schein usw.)

• Kleidung/Schuhe/Hüte

• Physische Eigenarten (Hinken, Steifheit, Blinzeln usw.)

• Stimmlage, Eigenheiten von Sprache und Ton

Achtung: Erzählperspektive erste Person erfordert spezielle Techniken, den Leser über das Äußerliche zu informieren.

Hauptfiguren sollten irgendetwas Ungewöhnliches an sich haben, etwas, das sie von anderen Figuren unterscheidet. Das kann eine Besonderheit des Aussehens sein, eine Wesensart, die Vorliebe für ein Kleidungsstück, etwas in der Tasche oder um den Hals, ein spezielles Interesse, die Art sich zu bewegen, sich auszudrücken oder eine besondere Mimik. Der Fantasie sind keine Grenzen gesetzt. Die Hauptsache ist, dass durch die Beschreibung im Leser eine bildliche Vorstellung entsteht.

Demografische und soziologische Einflüsse
- Alter
- Familie
- Freunde
- Nachbarn
- Kollegen
- Beruf/Hobbys
- Sozialer Stand
- Umfeld

Das soziale Umfeld, Beruf und Alter beeinflussen unsere Figuren, ihre Denkweise, was sie sich wünschen oder wovor sie sich fürchten. Wer ihnen im Notfall aus der Patsche hilft oder sie unendlich quält. Gerade unter den Figuren, die unseren Protagonisten umgeben, finden sich häufig wunderbare Antagonisten und wichtige Nebenfiguren.

Romane, die Figuren über mehrere Jahre oder länger folgen, werden auch altersbedingte Veränderungen in Denkweise, Dialog und Handeln mit aufnehmen.

Charakter
- Vorlieben/Abneigungen
- Stärken/Schwächen
- Ängste
- Geheimnisse
- Wünsche
- Liebe und Erfahrungen mit der Liebe
- Schuld
- Stolz
- Scham

Die innere Welt der Figur durchlebt in Verbindung mit dem Plot eine Wandlung, den Figurenbogen. Bei der Aufstellung des Bios sollte man sich also auch überlegen, wie sich einzelne Wesensmerkmale bemerkbar machen, wie sie den Helden beeinflussen, vielleicht bremsen oder hindern. Welche Geheimnisse verbirgt er und wie kommen sie letztendlich ans Tageslicht? Welche Änderungen erfährt er?

Gesundheitszustand

Auch der Gesundheitszustand kann großen Einfluss auf die Figur ausüben. Gibt es Krankheiten, Verletzungen, Unfälle, Ungeziefer, die das Leben des Helden erschweren? Wie kommt er damit klar? Zu jedem Charakterzug, zu jedem äußerlichen Merkmal sollte man ausführlich Notizen machen, damit die Figuren vor dem geistigen Auge erwachen. Komplexe Figuren führen eher zu einem spannenden Plot und letztendlich zu zufriedenen Lesern.

Hintergrund/Vorgeschichte

Jede Figur steigt auf die Bühne der Erzählung, beladen mit einer Vorgeschichte, mit Erlebnissen und Erfahrungen, die ihr Verhalten mitbestimmen, d.h. sie ist das Produkt dieser Vorgeschichte, die ihr Denken und Handeln beeinflussen. Bei historischen Personen sollte man also den Hintergrund, z.B. Kindheit und Jugend, Umfeld und Ereignisse, Denkweisen, soziale, politische und kulturelle Einflüsse der entsprechenden Epoche mit einbeziehen. Wer fiktive Figuren zum Leben erweckt, wird sich diese Vorgeschichte als Teil der Vorbereitung zurechtlegen.

Diese Hintergrundgeschichte bringt man in kleinen Portionen nach und nach in die Geschichte ein. Das weckt nicht nur Neugier im Leser, sondern hält ihn während des Lesens bei der Stange. Wenn die Figur z.B. ein Geheimnis mit sich herumträgt, dann lässt man dieses erst nach und nach heraus.

Jede Figur erhält ein detailliertes Bio, in dem man die obengenannten Informationen festhält und sich während des Schreibens darauf beziehen kann. Manchmal offenbaren Figuren während des Schreibens weitere Informationen, selbst gutgehütete Geheimnisse.

Techniken

- Bios für alle Haupt- und wichtige Nebenfiguren entwickeln
- Fotos von Menschen im Internet sammeln, die unseren Figuren ähnlich sehen
- Tabellen aus dem Internet laden, die menschliche Merkmale auflisten, z.B. wie man Haare oder Augen kreativ beschreibt

Protagonist als Held

Der Protagonist - das gilt auch, wenn es mehrere sind - muss irgendetwas Bewundernswertes an sich haben, vielschichtig dreidimensional sein und ein Ziel, einen brennenden Wunsch haben, der ihm während des Plots immer wieder versagt wird. Auch ein gut gehütetes Geheimnis ist ein wunderbares Mittel, Spannung und Interesse beim Leser aufrechtzuerhalten. Wie man den Plot strukturiert, damit sich Spannung aufbaut, Handlungs- und Figurenbögen entstehen, sollte man entsprechend studieren.

Fragen

- Warum ist mein Protagonist in seinem historischen Umfeld einzigartig? Wie zeige/demonstriere ich diese Besonderheit(en)?
- Was macht meinen Protagonisten heldenhaft, interessant, liebenswert oder zumindest lesenswert?

• Wie unterscheidet sich mein Protagonist in Denken, Handeln und in der Sprache vom modernen Menschen?

• Wie kommuniziere ich diese Unterschiede in meiner Erzählung?

• Wie verhindere ich, dass mein Protagonist zu modern wirkt?

Sensorische Details

Die Einbeziehung der Sinne (sehen, hören, schmecken, riechen und fühlen) ist für eine spannende Geschichte unerlässlich, weil sie den Leser unweigerlich in die Erzählung ziehen. Unser Protagonist sollte auf jeden Fall in seinem historischen Umfeld in der Zeit und Szene entsprechende Gefühle entwickeln, die ihn menschlich erscheinen lassen.

Hier ein Beispiel, wie Geruch und Geschmack mit einer Metapher bildhaft gemacht werden.

Der Lastwagen fuhr langsamer und blieb schließlich stehen. Gleichzeitig kroch ein schrecklicher Gestank in meine Nase, wie ich ihn noch nie erlebt hatte.

Wie pelziger Schimmel ließ er sich auf meiner Zunge nieder, faulig und so stark, dass ich meinen Mund auswaschen und meine Nase in meinem Hemd vergraben wollte. Oppenlander, Annette: Leicht wie meine Seele

In Arthur Goldens Bestseller Die Geisha, in der Chiyo auf dem Weg ist, den von Hatsumomo zerstörten Kimono der Rivalin zu liefern, werden gekonnt Seh- und Hörsinn miteinander verknüpft:

Binsenschirme vor den Fenstern schnitten das gelbe Licht in hauchdünne Streifen, die mich daran erinnerten, was die Köchin vor ein paar Stunden mit einem eingelegten Rettich getan hatte. Ich hörte Lachen, das von einer Gruppe Männer und Geishas kam. In einem der Teehäuser musste etwas sehr Komisches vor sich gehen, denn das Gelächter wurde immer lauter, ehe es allmählich erstarb und nur noch der näselnde Klang eines Shamisen von einer anderen Gesellschaft zu hören war. Golden, Arthur: Die Geisha

Weitere Sinne

Außer den bekannten Sinnen, die unserer historischen Erzählung Leben einhauchen, gibt es jede Menge andere Eindrücke, die das Leben des Protagonisten beeinflussen und uns einen tiefen Einblick in sein Inneres gewähren. Dazu gehören vor allem Empfindungen, die dem Protagonisten das Leben schwer machen, also Hunger, Durst, Verletzungen, Schmerzen aller Art, Übelkeit, Krankheiten und Unwohlsein, z.B. Migräne, Temperaturempfindungen usw.

Im unteren Beispiel sitzt der ins Mittelalter zeitgereiste Max in einem Verlies fest. Hungrig und durstig kämpft er mit dem Widerwillen gegen das Dargebotene und der Gewissheit, ohne es bald zu sterben.

Als ich aufwachte, wusste ich nicht, welcher Tag es war oder wie lange ich geschlafen hatte. Ein Spalt öffnete sich in der Tür. Ein Becher und ein Stück Brot erschienen. Ich ergriff sie, bevor es wieder dunkel wurde. Ich schnüffelte. Das Wasser roch komisch, nicht direkt schmutzig oder schlecht, aber auch nicht sauber. War es Regenwasser? Wenn ich davon trank, konnte ich Durchfall bekommen oder noch Schlimmeres. Wenn ich nicht trank, würde ich an Organversagen sterben, meine Nieren würden schrumpfen und dann versagen. Irgendwo hatte ich gelesen, dass Leute ihren eigenen Urin tranken. Widerlich.
Ich steckte die Zungenspitze ins Wasser. Nichts sehen zu können, machte alles noch schlimmer. Ich stellte mir vor, dass Würmer und Käfer im Becher schwämmen, dass jemand Gift hinzugefügt hätte.
Irgendwann wurde mein Durst unerträglich und ich verlor den Willen, mich dagegen aufzulehnen. Ich trank. Langsam, einen winzigen Schluck, der Zunge und Kehle befeuchtete. Nichts anderes war wichtig.
Mir fiel das Brot ein. Vorsichtig roch ich daran. Das säuerliche Aroma war abstoßend, das Brot hart wie die Wände meines Gefängnisses. Ich nagte und riss ein Stückchen ab, kaute langsam. Dann noch einen

Bissen. Mechanisch kaute ich, schob alle Gedanken des Ekels aus meinem Bewusstsein. Wenn ich überleben wollte, musste ich essen.
Oppenlander, Annette: Immer der Fremdling

Empfindungen lassen uns menschlich erscheinen und geben dem Autor ein unendliches Arsenal, seinen Protagonisten mit Gefühlen zu versehen, ihn in seinem historischen Umfeld zum Leben zu erwecken.

Viele Komponenten eignen sich hervorragend als Antagonisten, die unserem Protagonisten das Leben schwer machen.

IV.　Historischer Dialog
Kapitel 13: Dialog einer vergangenen Zeit

Ein Roman ohne direkte Sprache funktioniert kaum. Unsere Protagonisten und ihre Nebenfiguren sprechen miteinander und je nach Erzählperspektive erfahren wir ihre direkten Gedanken. Gerade beim Dialog nutzt der Autor seine Kreativität. Denn Dialog, selbst von bekannten historischen Personen, ist selten aufgezeichnet. Und wenn eine Unterredung nicht irgendwo schwarz auf weiß geschrieben steht oder sie im Film festgehalten wurde, ist es unmöglich, Unterhaltungen historisch genau wiederzugeben. Selbst wenn wir dabei gewesen wären, ist unsere Erinnerung an das Geschehene bereits am nächsten Tag ungenau.

Der Dialog ist ein wunderbares Werkzeug, Leben und Richtung in den Plot zu bringen. Die Figuren unterhalten sich weder über Belangloses, noch fragen sie sich nach dem Gesundheitszustand oder kommentieren das Wetter.

Dialog ist nicht gleich Sprache, Dialog hat immer eine

Aufgabe!
- Treibt den Plot voran
- Erzählt uns offensichtlich und zwischen den Zeilen über die Figuren
- Lässt Figuren echt erscheinen, bringt die Geschichte zum Leben
- Gibt uns das Gefühl einer sich entwickelnden Handlung
- Erhöht die Spannung

Die Sprache der Figuren sollte die damalige Zeit repräsentieren. Immer wieder fragen angehende Autoren, wie sie die historischen Dialekte und Spracheigenheiten hautnah rüberbringen. Nur gibt es da ein Problem. Unsere Sprache hat sich über die Jahrhunderte immer wieder grundlegend verändert. So sehr, dass es fast unmöglich wäre, die alten Sprach- und Schreibweisen verständlich wiederzugeben. Deshalb einigen wir uns auf folgende Regel:

Egal in welcher Epoche die Handlung spielt, für den heutigen Leser muss der Dialog verständlich sein.

Mittelhochdeutsch, geschrieben und gesprochen von 1050 bis 1350, klingt in unseren modernen Ohren wie eine Fremdsprache. Hier ein Ausschnitt aus dem Nibelungenlied:

Ez wuohs in Burgonden ein vil edel magedîn,
daz in allen landen niht schoeners möhte sîn,
Kriemhild geheizen. Si wart ein schoene wîp.
dar umbe muosen degene vil verliesen den lîp.

Ins heutige deutsch übersetzt ungefähr

Es wuchs im Burgundenland eine Prinzessin auf,
so schön, dass es auf der ganzen Welt nichts Schöneres geben könnte,

Kriemhild genannt. Sie wurde eine schöne Frau.
Deswegen mussten viele Helden ihr Leben verlieren.

Techniken für den Dialog

Selbst wenn man eine alte Sprache beherrschen würde, ist es keinem Leser zuzumuten, so etwas zu lesen und zu verstehen. Das gilt übrigens auch für Dialekte. Also bedient man sich verschiedener Techniken, die alte Sprache in kleinsten Portionen einfließen zu lassen.

- Man gibt der Figur ein bestimmtes Wort als Eigenart, das die Sprache der Zeit widerspiegelt und das dem heutigen Wort ähnlich sieht bzw. ähnlich klingt. Zum Beispiel sagt der mittelalterliche Schweinehirt in meiner Geschichte anstatt ›mein‹ ›mîn‹. Was man aussucht, spielt keine Rolle, solange es für die damalige Sprache repräsentativ ist und vom Leser leicht zu identifizieren/verstehen ist.

- Die Figur wiederholt etwas, das dem modernen Leser bekannt ist, z.B. ein Gebet. In meiner Geschichte rezitiert die mittelalterliche Frau das Vaterunser in Frühneuhochdeutsch, das dann so klingt:

Vnser vater ynn dem hymel.
Deyn name sey heylig.
Deyn reych kome.
Deyn wille geschehe auff erden wie ynn dem hymele ...

- Eine Figur

  - flucht zeitgemäß – natürlich muss es zum Charakter passen

  - benutzt einen damaligen Begriff, ein Sprichwort, eine Redewendung. Zum Beispiel gab es unter den Soldaten des amerikanischen Zivilkriegs (1861-1865) alle möglichen Begriffe und Redewendungen, die für unsere

> modernen Ohren keinen Sinn ergeben. Die damaligen harten Kräcker hießen ›worm castles‹, also Wurmschlösser, weil die steinharten Kekse oft von Rüsselkäfern befallen waren.

- Anrede – Begrüßungen oder Abschiedsworte eignen sich hervorragend, den Leser in die Zeit zurückzuversetzen. Allerdings sollte man Grußworte spärlich einsetzen, z.B. ›ehrenwerter Oheim‹ oder ›werter Gesell‹.

- Lied – die Figur singt ein historisches Lied oder einen Teil davon – bitte Copyright prüfen, auch moderne Übersetzungen, die jemand vorgenommen hat, sind oft urheberrechtlich geschützt. In dem Fall lohnt es sich, den Verfasser persönlich anzuschreiben und um Freigabe für den Roman zu bitten.

- Einbringung altmodischer Verben, Adverbien, Füllworte (nicht nur beim Dialog), z.B. erheischen (verlangen), affrontieren (angreifen), anverwandeln (übernehmen, annehmen), kommod (bequem), sänftiglich (behutsam, auf sanfte Art), jüngsthin (letztens), leichtlich (mühelos) usw.

- Auch Körpersprache kann den Dialog unterstützen und helfen, das historische Bild des Sprechenden abzurunden.

Letztendlich muss immer die Verständlichkeit über die authentische Sprache gewinnen. Eine zeitsparende Technik ist es, das gesamte Manuskript erst fertigzuschreiben und dann beim Lektorieren zur Verfeinerung eine Prise historischer Authentizität in den Dialog einzubauen.

Kapitel 14: Stimme als Ausdruck der Person und Zeit

Eigentlich verdient die Entwicklung der Stimme unseres historischen Romans mehrere Kapitel. Was ist die Stimme eines Romans, der Romanfiguren?

Stimme im literarischen Sinn sind die einzigartige Mischung aus Wortwahl, Ton, Stil und Satzstellung, aber auch Einstellungen und Weltanschauung der Figuren. Im historischen Roman reflektiert die Stimme der Figuren auch und vor allem die historische Zeit. Wie man lernt, den Text und seine Figuren mit einer eigenen Stimme auszurichten, die einzigartig, der Zeit angemessen und interessant klingt, einer Stimme, die den Autor selbst auszeichnet, ist fast ausschließlich Fleißarbeit, kann allerdings eine Weile in Anspruch nehmen.

David Corbett in *The Art of Character* vergleicht die Entwicklung unterschiedlicher Stimmen in einem Roman mit einem Komponisten, der mit Hilfe verschiedener Musikinstrumente ein einzigartiges Werk schafft. Jede Figur sollte ihre eigene Stimme haben, ihre eigene Denkweise, Weltanschauung, Wortwahl, ihren eigenen Stil, genau wie wir Menschen alle unseren eigenen Stil besitzen. Denn jeder von uns hat eine Vorgeschichte, ein eigenes soziales Umfeld, individuelle Erfahrungen, die unsere »Stimme« ausmachen. Dabei ist nicht von Akzenten oder Dialekten die Rede, sondern von allem, was unsere Persönlichkeit ausmacht und was sich in unserem Denken, Sprechen und Handeln ausdrückt.

Tipps

- Mindestens einen Schreibratgeber über das Entwickeln der literarischen Figurenstimme lesen.
- Zwei bis drei historische Romane suchen, die einmalige Stimmen demonstrieren.
- Im ersten Kapitel Wortwahl, Ton, Einstellung, Denkweise usw. unterstreichen, noch besser herausschreiben und analysieren.

Fragen

- Welche spezifischen Gedanken und Worte sollen meine historischen Figuren denken und sagen, die sie voneinander unterscheiden?
- Welche spezifischen Verben oder (historischen) Ausdrucksweisen, auch Satzlängen kann ich für die unterschiedlichen Figuren nutzen?
- Existieren historisch bedingte religiöse oder soziale Einstellungen, Ansichten und wie äußern sie sich bei unseren Figuren?
- Wie kann sich die Einstellung einer Figur im Laufe der Erzählung ändern? Welche Schwächen zeigt sie am Anfang, die sich von anderen Figuren unterscheiden, und wie verändern sich diese Schwächen im Laufe der Handlung?

- Wie sehen meine Figuren dieselbe Situation oder dieselbe Landschaft unterschiedlich? Warum? Wie handeln sie unterschiedlich?
- Würde ich die Figur erkennen, wenn ich beim Dialog den Namen des Sprechers weglasse?

Die einzelnen Stimmen kann man wunderbar im Zusammenhang mit den Bios der Figuren entwickeln. Oft kristallisieren sich die Stimmen erst beim mehrfachen Überarbeiten des Manuskripts heraus. Auch diese Techniken gestalten sich mit der Zeit und wachsenden Erfahrung einfacher.

V.   Historische Handlung
Kapitel 15: Das erste Kapitel

Romaneschreiben ist ein kompliziertes und langwieriges Unterfangen. Historische Romane zu schreiben verlangt vom Autor weitere Fertigkeiten, das Vergangene flüssig und glaubhaft mit Figuren und Handlung zu verweben. Kein Teil des Manuskripts muss so hart arbeiten wie das erste Kapitel.

Warum? Wenn Cover und Beschreibung ansprechend sind, testet der Leser in der Regel die erste(n) Seite(n) eines Buches, bevor er entscheidet, zu lesen/kaufen oder weiterzusuchen. Das heißt, diese ersten Sätze, Seiten und das erste Kapitel müssen den Leser davon überzeugen, dass er weiterlesen ‚muss‘.

Beim historischen Roman sollte man den Leser also zügig in der jeweiligen Zeit verankern, Protagonisten vorstellen, ein Problem oder eine Frage aufzeigen usw.

Wie orientiert man also den Leser von Anfang an, damit er sich in der historischen Epoche sofort zurechtfindet?

Techniken

- Überschriften: Zeit und Ort als Überschrift oder zu Anfang des Kapitels platzieren:
Berlin, 1. September 1939
- Zeit und Ort in den ersten Sätzen/Absätzen einfließen lassen.

Für mich begann der Krieg nicht mit Hitlers Invasion in Polen, sondern mit der Lüge meines Vaters. Ich war damals sieben, ein dünnes Ding mit Zöpfen und spitzen Knien, gekleidet in die unförmigen, handgestrickten Pullover meiner Mutter, ein Mädchen, das seinen Vater über alles liebte.

Es war Mai, meine liebste Jahreszeit, in der die Luft nach frischgemähtem Gras und Flieder roch und Ausflüge in die Stadt und in die Cafés des bergischen Landes versprach. Oppenlander, Annette: Vaterland, wo bist Du?

- Ein bekanntes historisches Ereignis in die ersten Zeilen einbauen, die dem Leser sofort einen Bezug geben, z.B. ein Attentat (z.B. J. F. Kennedy, John Lennon), eine Naturkatastrophe etc.
- Ein typisches Produkt der historischen Zeit einbauen, z.B. das Modell einer Automarke, den Volksempfänger.

Die Sechs-Uhr-Trompete hallt durch den Flur. »Sirs, der Weckruf ist erklungen, Sirs«, schreit der bedauernswerte Kerl, der Weckdienst hat. Ich rolle mich auf die Seite. In meinem Traum überreichte mir mein Vater die Schlüssel zu einem nagelneuen '68 Ford Shelby Mustang, ein Wunder aus glänzendem, schwarzem Chrom, etwas, das in einer Million Jahren nicht passieren würde. Nicht, wenn du zwei Brüder und zwei Schwestern hast und dein Vater als Assistenzprofessor sieben Mäuler versorgen muss. Erst recht nicht, wenn deine Mutter fünf Laibe Brot für einen Dollar kauft, um damit endlose Butterbrotberge mit Erdnussbutter und Gelee zu produzieren. Oppenlander, Annette: A Different Truth

- Eine Prise historischen Dialog einbauen:

»Ich zahle für das Brot«, jammerte der Verletzte. »Ich finde ...« Der Rest seiner Worte ging in undeutliches Murmeln über.

Der bärtige Gauner ragte jetzt über seinem Gefangenen empor, ein Riese, der ein lästiges Insekt zerquetscht. Der Reiter mit der kalten Stimme wackelte mit dem Schwert vor der Nase des Verletzten. »Erteilt ihm eine Lehre.«

»Am besten die Hände.« Der Bärtige leckte sich erwartungsvoll die Lippen, während er das Schwert über den Kopf hob.

»Nein, bitte!«, schrie der verletzte Mann. »Ich bezahle den Grafen, ich verspreche es.«

»Streck die Arme aus«, befahl der Bandit und hob dabei das Schwert höher.

Ich blinzelte, wollte mich abwenden, doch meine Augen weigerten sich.

»Den rechten Mittelfinger«, sagte der Reiter mit der kalten Stimme.

»Er wird keinen Bogen mehr schießen.« Oppenlander, Annette: Immer der Fremdling

•   Erscheinung/Aussehen des Protagonisten (nur bei Erzählperspektive dritte Person
oder allwissend) oder einer wichtigen Figur in wenigen Sätzen erwähnen.

Peter sinkt auf einen Stuhl, seine Augen tanzen. Irgendwie wirkt er heute größer, obwohl er sitzt. Er war wieder beim Friseur, sein Haar ist über den Ohren kurz geschoren. Ich mag es länger, weil er dann oben lustige Locken bekommt, aber die Hitlerjugend verlangt von allen Jungen, dass sie ihre Haare so kurz wie Soldaten tragen. Das Beste an Peter sind seine Augen: nicht ganz braun, nicht grün, eine eigene Mischung aus Moos, Rinde und Blättern wie die erdige Palette eines Herbstwaldes. Oppenlander, Annette: Erzwungene Wege

Da ein erstes Kapitel komplex ist, passiert es so manchem Autor, dass er das erste Kapitel wieder und wieder überarbeitet und dann vor lauter Lektorieren nicht vorankommt. Anstatt das Manuskript zunächst einmal zu Ende zu schreiben, geht er immer wieder an den Anfang, feilt und feilt.

Eine erste Manuskriptfassung ist eben genau das – eine ERSTE Fassung.

Alles, was geschrieben wurde, kann geändert werden – jedes Narrativ, jede Handlung, jede Figur und jeder Dialog. Wenn der Autor noch ziemlich am Anfang steht, wird er nicht umhinkommen, mehrere Fassungen zu entwickeln. Aber erst wenn das Manuskript komplett ist, geht es ans Lektorieren.

Denn im Autor schlummern zwei Personen. Die eine Person schreibt und schreibt. Sie lässt sich nicht ablenken, sie führt das Manuskript zu Ende. Die andere Person ist der Lektor, der das Geschriebene kritisch betrachtet und entsprechend ändert, historische Details hinzufügt oder entfernt.

Bei manchen Autoren sitzt der Lektor auf der Schulter und flüstert der schreibenden Person Zweifel ein. Immer wieder hält der Autor inne und prüft kritisch, was er produziert hat. Bei manchen Autoren führt dies zu einer Art Lähmung, die ihn immer wieder den Anfang durcharbeiten lässt, ohne je ans Ende zu kommen.

Techniken

- Man schreibt eine bestimmte Wortzahl. Am nächsten Tag liest man nur, was man am Vortag geschrieben hat, und fährt dann fort.
- Man versucht jeden Tag etwas hinzuzufügen, sei es auch nur einen Satz.
- Man setzt sich *erreichbare* tägliche Ziele, z.B. einen Absatz, eine Seite, eine Szene. Wenn man das Ziel nicht erreicht, holt man tief Luft und versucht es am nächsten Tag erneut. Wenn man auch nach zwei Wochen die gesetzte Leistung nicht erreicht, hat man wahrscheinlich die Latte zu hoch gesteckt und sollte sich neu orientieren.

- Wem an einem Tag nichts einfällt, der nutzt die Zeit zum Lesen und Studieren der historischen Welt, macht sich Notizen, überarbeitet den Zeitstrahl (siehe nächstes Kapitel), vervollständigt das Bio einer wichtigen Figur.
- Man belohnt sich, wenn man ein bestimmtes Schreibziel erreicht hat.
- Wenn man zu bereits geschriebenen Kapiteln noch Ideen hat, notiert man sie einfach am Anfang oder Ende und arbeitet sie nach Fertigstellung des Manuskriptes ab.

Nachdem das Manuskript fertig ist, legt man es einige Zeit, mindestens zwei bis vier Wochen zur Seite. In der Zeit kann man z.B. die historischen Informationen vertiefen, Detailfragen nachschlagen oder sich ein neues Projekt vornehmen.

Kapitel 16: Historische Welten überzeugend erschaffen

Im Folgenden gebe ich einige Beispiele, wie man historische Welten so mit dem Plot verbindet, dass sie den Leser überzeugend in die Welt eintauchen lassen.

• Eine Figur denkt über etwas in der historischen Welt nach, äußert sich zu einer historischen Situation oder spürt etwas, z.B. ein unbequemes Kleidungsstück, das nur in der historischen Welt existiert bzw. in der historischen Welt typisch ist. Hier wird der fünfzehnjährige Adam zum ersten Mal mit der Ausrüstung der amerikanischen Armee konfrontiert.

Trotz der Abendstunde lief Schweiß an Armen und Seiten herunter, weil die Jacke, die er erhalten hatte, aus Wolle bestand. Sie würden froh darüber sein, wenn der Winter kam, hatte der Assistent des Quartiermeisters gesagt, als er Uniformen verteilte – lange dunkelblaue Jacken mit endlosen Knöpfen, Hosen und Stiefel, ein Ersatzpaar Unterwäsche und Socken. Dazu erhielten sie eine seltsam aussehende Feldmütze, die Hamstermütze genannt wurde, eine

Leinwand Baumwolle, mit der man zu zweit ein Zelt bauen konnte, eine Wolldecke, einen Ranzen, Feldgeschirr, einen Sack Kaffeebohnen und eine Schachtel steinharte Kekse. Oppenlander, Annette: Bis uns nichts mehr bleibt.

• Bestimmte historische Denkweisen bestimmen/beeinflussen das Verhalten der Figur. In diesem Beispiel unterhält sich der mittelalterliche Schweinehirt Bero mit seinem neuen Freund Max, der aus dem 21. Jahrhundert via Computerspiel ins 15. Jahrhundert katapultiert wurde.

»Was können wir dagegen tun? Miranda ist eine Herrin, Ott der Sohn eines Grafen. Wir machen nun mal, was sie wollen.«

»Wir müssen eine andere Arbeit für Juliana finden – irgendwo, wo sie sicher ist.«

Bero schüttelte den Kopf. »Wie soll das gehen?«

»Sie könnte in die Stadt.«

»Heiligenstadt? Nay!«, rief Bero. »War einmal da. Ist dreckig. Ratten so groß wie meine Säue. Leute werden krank.« Er hob einen Holzsplitter auf und schleuderte ihn in den Staub. »Du verstehst gar nichts. Eine Magd hat keine Wahl. Sie tut, was ihr gesagt wird, bis sie heiratet. Dann bestimmt ihr Mann, was zu tun ist.« Oppenlander, Annette: Immer der Fremdling – Die Rache des Grafen

• Die Figur setzt sich mit einem Problem auseinander, das speziell in ihrer historischen Welt vorkommt. Dieses Beispiel gibt Hinweise auf die Klaustrophobie des dreizehnjährigen Günter und dient als Vorausdeutung der drohenden Ereignisse.

Wie Pilze waren Bunker in der ganzen Stadt aus dem Boden geschossen. In unserer Nachbarschaft Brühl stand das neue Gebäude fünf Stockwerke hoch, eine Monstrosität aus Beton und Stahl.

Ich erwähnte nicht, wie sich mein Magen umgedreht hatte, sobald Helmut die Tür des Bunkers geschlossen hatte. Es war fürchterlich düster gewesen und die Wände schienen auf mich einzudringen. Die wenigen Fensterschlitze waren zu klein, um hinauszusehen, noch erlaubten sie ausreichende Luftzufuhr – nur die Illusion, dass ein Entkommen möglich wäre. Mir war der Atem im Hals steckengeblieben. Schatten waren wie Geister entlang der Wände gekrochen und hatten nach meiner Seele verlangt. Die weißemaillierten Schlafstellen an der Wand hatten mich an Krankenhausbetten erinnert. Oppenlander, Annette: Vaterland, wo bist Du?

• Tagebücher und Briefe geben Hinweise auf die historische Welt, die Beziehungen zwischen Figuren sowie relevante historische Begebenheiten. Dabei ist unerheblich, ob es sich um echte historische oder um nachempfundene Dokumente handelt. Ein Brief, der geschickt in den Text eingearbeitet wird, lockert die Handlung auf, erhöht die Spannung und gibt Aufschluss über das Leben von Figuren, die dem Wirkungskreis des Protagonisten entzogen sind.

• Die Figur nutzt Techniken oder Gegenstände, die in der historischen Welt typisch sind. Sie liest z.B. ein Buch der damaligen Zeit, liest eine Bekanntmachung in der Zeitung, kocht über einem offenen Feuer die von der Armee zur Verfügung gestellte Portion Salzfleisch.

• Die Figur erlebt ein historisches Ereignis mit. Dabei kann sie zuschauen oder tätlich, körperlich beteiligt sein. Zum Beispiel kann sie eine bekannte Persönlichkeit eintreffen sehen oder ihr auf einer Veranstaltung begegnen. Sie kann an einem Wettkampf teilnehmen, etwas vortragen, sich mit den Folgen einer Naturkatastrophe herumschlagen usw.

Auch bei der Verknüpfung des Plots mit den Figuren sind dem Autor keine Grenzen gesetzt. Wichtig ist, dass der Leser regelmäßig an die historische Welt erinnert wird und sich genau wie die Figuren des Romans darin zurechtfindet.

VI.   Verschiedenes
Kapitel 17: Fehler in historischen Welten

Immer wieder schleichen sich Fehler in historische Erzählungen ein. Unter den Lesern gibt es oft Experten oder einfach Menschen, die sich mit einer bestimmten Epoche intensiv beschäftigen. Denen fällt dann prompt auf, wenn Fehler gemacht wurden. Grobe oder wiederholte Fehler führen zu negativen Rezensionen, auch manchmal zu Leserbriefen.

Anachronismen
»Anachronismus oder Zeitwidrigkeit bezeichnet die Einordnung von Vorstellungen, Ereignissen, Dingen oder Personen in einen falschen zeitlichen Kontext. Wird der Gegenstand in einen historischen Zusammenhang gestellt, in dem er in Wahrheit noch gar nicht existierte, spricht man von einem vorgreifenden Anachronismus; existierte er zur betreffenden Zeit nicht mehr, handelt es sich um einen rückgreifenden Anachronismus.« – Wikipedia

Wir hatten bereits über Dialog gesprochen. Anachronismus in der Sprache bedeutet genau das Gegenteil von alten

Ausdrucksweisen, es sind zu moderne Worte oder Ausdrücke, die nicht in die historische Zeit passen. Wenn man unsicher ist, kann man die Herkunft eines Wortes im etymologischen Wörterbuch nachschauen. Auch der Ton des Dialogs, die Wortwahl und Anschauungen des Sprechers können zu modern ausfallen. Wer Zweifel an der Herkunft eines Wortes hat, kann sich mit Hilfe eines etymologischen Wörterbuches Klarheit verschaffen. Auch geübte Betaleser und Lektoren schauen auf anachronistische Fehler.

Anachronismen in der Sprache
- Worte und Redewendungen
- Flüche
- Metaphern

Anachronismen schleichen sich auch gerne in Denkweise, Verhalten und Handlung ein. Handelt die Geschichte von tatsächlichen historischen Personen oder Ereignissen, dann sollte sich die Handlung des Buches daranhalten.

- Historisch korrekte Zeiten: Kam Heinrich VIII. 1509 an die Macht, dann kann er nicht schon 1505 regiert haben.
- Historisch korrekte Orte: Wenn sich eine historische Person zu einer bestimmten Zeit an einem bestimmten Ort aufhielt, sollte sie nicht woanders erscheinen.
- Historisch korrekte Handlung: Handlung(sablauf) und Ereignisse sollten sich an die bereits bekannten historischen Informationen halten.

Auch Gegenstände, Nahrung, Pflanzen und Bäume können zu modern sein - man denke an die berühmte Kartoffel. Wer seine Figuren im Mittelalter Kartoffeln essen lässt, liegt falsch, denn die Kartoffel wurde erst im 16. Jahrhundert von spanischen Konquistadoren aus Peru nach Europa gebracht.

Gerade echte historische Personen sollten so weit wie möglich authentisch dargestellt werden und bedürfen, wie bereits erwähnt, der detailliertesten Recherche. Das Gleiche gilt für dokumentierte historische Ereignisse, z.B. Kriegsschlachten, Katastrophen aller Art, politische Begebenheiten wie z.B. den Berliner Mauerbau oder die Wiedervereinigung, aber auch technische Errungenschaften wie z.B. den ersten Flug, die erste Atlantiküberquerung usw.

Eine zu moderne Denkweise der Figuren kann dem Autor ebenfalls zum Verhängnis werden. Man sollte immer fragen, ob die Person zu dieser Zeit mit dem damaligen Wissen und im damaligen sozialen und wirtschaftlichen Umfeld so hätte denken können. Das sich aus einer zu modernen Denkweise entwickelnde Verhalten, das zur Handlung der Geschichte beiträgt, wirkt dann ebenfalls zu fortschrittlich. Dabei vollbringt der Autor mal wieder eine schmale Gratwanderung, denn sein Protagonist zeigt ja in der Regel bewundernswerte bzw. heroische Fähigkeiten wie Mut, Durchsetzungsvermögen, Neugier, Intelligenz, usw. Trotzdem sollten diese Stärken der Zeit angepasst sein.

Anders ist es, wenn man absichtlich eine Änderung vornimmt. Das bedeutet erstens, dass man den Unterschied kennt und sich bewusst für eine Änderung der historischen Information entscheidet, und zweitens, dass man diese Änderung im Autorenkommentar erklärt.

Kapitel 18: Extras in historischen Romanen

Historische Romane kann man wunderbar mit ein paar Details ergänzen und abrunden.

Historische oder selbstentworfene Karten
Oft gibt es aus der entsprechenden Zeit alte Karten der Landschaften und Städte, die man entweder erwerben kann oder die kostenlos zu haben sind. Bitte auf jeden Fall das Copyright prüfen, vor allem weil es sich beim Veröffentlichen von Büchern um eine kommerzielle Nutzung handelt. Alternativ kann man eine Karte mit einer Karten-Software selbst entwerfen oder einen Designer beauftragen.

Für meine Zeitreise-Trilogie habe ich einen Kartenausschnitt von einem Designer neu entwerfen lassen.

Karten sind ein wunderbares Werkzeug, den Leser zu orientieren und zusätzliche Farbe in die Geschichte zu bringen.

Chroniken

Auch geschichtliche Ereignisse kann man am Ende des Buchs hinzufügen, um dem Leser weitere historische Details zu vermitteln. Dies können mit einem Datum versehene kurze, knappe Beschreibungen sein, aber auch ausführlichere Beschreibungen von politischen Situationen oder z.B. Kampfhandlungen eines Krieges.

Fotos und Bios von historischen Figuren

Wer tatsächliche historische Personen verarbeitet, kann am Ende des Buches Fotos und Kurzbeschreibungen einfügen. In Deutschland sollte man von einer noch lebenden Person bzw. von der überlebenden Familie eine schriftliche Erlaubnis für die Fotos einholen.

Auch wenn es sich um historische Figuren handelt, die schon lange verstorben sind, sollte man IMMER bestätigen, dass das Copyright abgelaufen ist. Wenn nicht, sollte man in jedem Fall eine schriftliche Erlaubnis des Halters des Urheberrechts einholen.

Auch Fotos oder Abbildungen von historischen Szenen, Tagebüchern und anderen Dokumenten, Siegeln, Wappen, Münzen oder andere für die Erzählung signifikante Informationen kann man am Ende einbringen. Sachbücher haben oft ausführliche Fotoseiten, die teils mitten im Text eingebaut sind. Für Romane rate ich davon ab, da sie den Lesefluss stören und unterbrechen können.

Auch von Fußnoten sollte man in Romanen absehen, da sie den Lesefluss stören.

Kapitel 19: Nach der Geschichte: Der Autorenkommentar

Viele Leser haben nach der Lektüre Fragen zur Geschichte. Vielleicht hat der Autor ein bestimmtes Thema gewählt, das er mit dem Werk tiefer bearbeiten wollte. Vielleicht treibt ihn eine Passion. Der Autorenkommentar eignet sich hervorragend, Motivationen zu erklären.

Was an der Geschichte wahr ist, was man dazuerfunden hat und warum, kann man ebenfalls im Kommentar erläutern. Wer absichtlich historische Ereignisse oder Personen verändert hat, sollte hier erklären, was verändert wurde und warum.

Auch kann man an dieser Stelle Quellen anführen, die das Werk bereichert haben. Man kann sich bei hilfreichen Menschen bedanken, andere Autoren und deren Webseiten erwähnen.

Im Autorenkommentar lassen sich historische Sachverhalte, Personen, selbst spezielle in der Geschichte auftretende

Objekte oder Tiere näher erklären. Ich denke z.B. an Folterinstrumente, Modeerscheinungen, besondere Einstellungen und Bräuche. Der Werdegang einer bekannten Person kann ebenfalls näher erläutert werden, sofern er in der Geschichte eine wichtige Rolle spielt.

Auch kann man hier anführen, warum man eine bestimmte Epoche oder ein bestimmtes Thema beleuchtet, welche Motivationen hinter der Kreation der Erzählung stecken oder wie man auf das Thema gestoßen ist und welche Erfahrungen man beim Schreiben gemacht hat.

Zehn Tipps für erfolgreiche historische Werke

1.   Anfangsentscheidungen richtig treffen
Wer Epoche und Thema gewählt hat, der wird als Nächstes festlegen wollen, wie er die Erzählung schreiben will. Dazu gehören Entscheidungen über Erzählperspektive und Zeitform. Anfangs ist es mir mehrmals passiert, dass ich mich nach Fertigstellung des Manuskripts umentschieden habe, was unglaublich zeitaufwendig ist. Nicht nur muss man Satz für Satz Änderungen vornehmen, die Geschichte kann sich aufgrund einer neuen Perspektive grundlegend ändern.

- Erzählperspektive: Aus welcher Sicht wird erzählt?
  - Erste Person: sehr nahe und persönlich, aber auch einschränkend, da der Leser nur sehen, wissen und fühlen kann, was der Protagonist sieht, denkt und fühlt.
  - Dritte Person: eng oder distanziert
  - Allwissend: aus der Vogelperspektive
  - Zweite Person: sehr selten
- Zeitform: in welcher Zeitform wird erzählt

- Vergangenheit
- Gegenwart
- Manchmal eine Kombination, z.B. bei Romanen mit Zeitsprüngen

Wer hier nicht weiß, wovon ich spreche, sollte sich auf jeden Fall *vor* Beginn des Projekts damit beschäftigen und die verschiedenen Möglichkeiten verstehen lernen und vorsichtig abwägen.

Auch empfehle ich, verschiedene Varianten zu testen, in dem man ein oder zwei Seiten aus verschiedenen Perspektiven bzw. Zeitformen schreibt. Beim Ausprobieren und Vergleichen wird man schnell feststellen, welche Kombinationen einem am besten von der Hand gehen, besser klingen und unsere Autorenseele am besten ansprechen.

2.   Spannende Handlung

Ein spannender Plot sollte sich durch die Geschichte ziehen, zum Höhepunkt noch mal aufbauen. Auch jede Szene sollte etwas Spannendes, einen Konflikt enthalten und vielleicht mit einem Cliffhanger enden. Zusätzlich kann man auch auf vielen Seiten Spannung einbauen. Spannungstechniken gehören zum Repertoire eines Autors und können erlernt werden.

Wie man innere und äußere Konflikte entwickelt, Figuren- und Handlungsbögen entwickelt, sollte man auf jeden Fall separat nachlesen.

3.   »Show, don't tell« – bildhafte Sprache

Anschaulich zu erzählen ist ein Muss. Über das »Show, don't tell«-Prinzip gibt es jede Menge Informationen. Anschaulich zu erzählen vermittelt dem Leser Gefühle, die er verinnerlichen und erleben kann. Reine Beschreibung wirkt langweilig und lässt den Leser kalt.

Beispiel *Show*: »Dann nagte der Schmerz von innen an ihm, scharfe Zähne, die an seinem Herzen kratzten. In diesen Momenten musste er pausieren, sein Atem war so unregelmäßig, als sei er gesprintet, und sein Rücken wollte sich unter einer unerträglichen Last zusammenrollen.« Oppenlander, Annette: Bis uns nichts mehr bleibt.

Gleichzeitig kann der Autor nicht jede Emotion bildlich beschreiben, denn dann würden Bücher unglaublich langatmig werden. Der erfahrene Autor zielt auf eine Kombination aus bildhaften und erzählerischen Beschreibungen. Immer wenn er eine Situation, ein Gefühl, einen Moment besonders hervorheben will, bedient er sich der bildhaften Beschreibung. Dazu lohnt es sich, die Techniken der Autoren zu studieren, z.B. auch den Einsatz von Metaphern.

## 4.	Klischees vermeiden

Ausdrucksweisen, Vergleiche und Ereignisse, die leicht vorherzusehen sind, also Klischees sollte man in jedem Fall vermeiden. Das gilt genauso für den Einsatz bekannter Metaphern, wie für die Darstellung historischer Situationen. Der Protagonist bricht seiner Liebsten das Herz oder eine Frau in der viktorianischen Zeit, deren Korsett zu eng geschnürt ist, wird ohnmächtig. Solche bekannten und oft wiederholten Beschreibungen sollte man sich sparen und stattdessen etwas Unerwartetes einbauen. Die Figur sagt etwas Überraschendes oder handelt in einer Weise, die der Leser nicht erwartet.

## 5.	Abstand gewinnen

Nach jedem Durchgang das Werk zur Seite legen und an etwas anderem arbeiten. Durch die Unterbrechungen gewinnt man etwas Abstand und ist eher in der Lage, Löcher, Ungereimtheiten, Probleme in Plot, Handlung, Figuren und Struktur zu finden. Auch Rechtschreibung und Zeichensetzung kann man so besser überarbeiten.

Im letzten Schritt rate ich zum Vorlesen bzw. Zuhören. Wenn man einen Freiwilligen findet, der gut vorlesen kann, umso besser, allerdings reicht es auch, das Manuskript von einem Software-Vorleseprogramm vortragen zu lassen. Beim Zuhören werden andere Rezeptoren wach und man bemerkt Fehler, die man beim stillen Lesen/Überarbeiten übersieht.

Nach Fertigstellung
6.   Lektorat
Wer meint, ohne professionelles Lektorat auszukommen, sollte sich das gut überlegen. Ob man Deutschlehrer oder Literaturprofessor ist, spielt keine Rolle. In der Regel sind wir nach dem Schreiben eines Buches, einer Reihe von Durchgängen so nah am Werk, dass wir den Wald vor lauter Bäumen (jawohl, das ist ein Klischee) nicht mehr sehen. Bei mehreren hundert Seiten schleichen sich Fehler ein. Und die reichen von Grammatik, Zeichensetzung, Aufbau (Plots und Subplots), Fehlern im Dialog und Anachronismen zu tiefliegenderen Problemen, angefangen mit mangelnder Spannung auf Seiten und in Szenen, Löcher oder Fehler im Handlungsaufbau, bis hin zu Ungereimtheiten der Figuren und schwachen Endungen usw. Welches Lektorat man auswählen sollte – man unterscheidet zwischen Korrektorat, also der einfachen Korrektur des Textes, und stilistischen und inhaltlichen Lektoraten –, kommt auf die Erfahrung des Autors an. Ist es ein frühes, vielleicht erstes Werk, sollte man definitiv auch inhaltlich lektorieren lassen.

Ich habe aber kein Geld für extra Serviceleistungen. Wer neu in das Metier einsteigt, kann sich notfalls mit der Unterstützung seiner Schreibgruppe oder ausgesuchten und gut geschulten Probelesern helfen. Probeleser sind kein Ersatz fürs Lektorat, sind aber oft in der Lage, Löcher im Plot, Ungereimtheiten der Figuren, schwache erste Kapitel, stolpernde Handlungsbögen, langweilige Mittelteile usw. zu erkennen. Dabei hilft es, den Probelesern vor der Lektüre ganz gezielte Fragen zu stellen, und zwar schriftlich, so dass sie sich beim Lesen darauf beziehen können.

Wenn bei einem veröffentlichten Werk bereits auf den ersten Seiten viele Fehler auftreten, ist das für viele Leser ein Grund, das Buch aus der Hand zu legen und vielleicht eine negative Rezension zu verfassen.

7.   Titel

Buchtitel müssen in Deutschland einzigartig sein – in den USA ist ein Buchtitel nicht geschützt, was dazu führt, dass es Romane mit dem gleichen Titel, aber unterschiedlichen Autoren gibt –, man sollte also bei der Recherche, z.B. bei Google und Amazon sicherstellen, dass der Titel noch nicht im Umlauf ist.

Zur Suche eines passenden Titels kann man die bereits existierenden historischen Romane analysieren und nach Gemeinsamkeiten suchen.

Ideen zur Titelsuche

- Bekannte historische Personen, z.B. *Die Douglas-Schwestern, Paracelsus*
- Historisch signifikante Orte oder Gegebenheiten, z.B. *Es war einmal in Italien, Die Kinder von Nebra*
- Historischer Beruf oder Titel, z.B. *Die Henkers Tochter, Die Kräuterhändlerin, Die Stadt des Zaren, Das Schicksal der Henkerin*
- Historisches Thema oder Symbolik, z.B. *Die zerbrochene Feder, Trümmerkind*
- Historische Welt, z.B. *Die Geisha, Viking*

Mit Notizbuch und Stift via Brainstorming Listen anfertigen, wobei oft hilfreiche Kombinationen herauskommen. Immer wieder weglegen und neu aufgreifen, bis ein bis zwei Favoriten hervorstechen.

8.   Cover und Beschreibung

Jedes Genre hat typische Cover, die dem potenziellen Leser helfen, *sein* Genre sofort auch ohne Beschreibung zu erkennen. Man sollte Zeit im Buchhandel oder in der Bibliothek, notfalls auch auf Online-Buchplattformen verbringen und die verschiedenen Arten der Cover studieren. Je nach Epoche bedienen sich historische Romane verschiedener Techniken, um auf die gewählte Zeit hinzuweisen. Bücher über Ägypten zeigen entsprechend gekleidete Figuren, mittelalterliche Cover vermitteln Eindrücke von Rittern, Burgen o.ä., viktorianische Cover zeigen oft Damen in entsprechender Kleidung vor typischen Gebäuden der damaligen Zeit, Weltkriegsromane nutzen je nach Thema Schwarzweiß-Fotos von Figuren, Stacheldraht, Trümmer, Waffen, Soldaten, Flugzeuge, Stacheldraht, Züge und Schienen vor allem für den Holocaust usw.

Auch hier gilt es, einen professionellen Coverdesigner zu beauftragen, es sei denn, man ist selbst entsprechend geschult. Warum? Bei Amazon wurden bereits 2017 33 Millionen Bücher zum Verkauf angeboten. Wer die geringste Chance haben will, dass sein Buch gefunden und ausgesucht wird, der muss mit den professionellen Covern der erfolgreichen unabhängigen Autoren sowie der Verlagsautoren konkurrieren. Beide Gruppen ziehen alle Register, um ihre Bücher/Geschichten anzupreisen. Ein ansprechendes Cover ist unentbehrlich.

Ich habe aber kein Geld für extra Serviceleistungen. Es ist verständlich, dass größere Ausgaben anfangs nicht möglich sind. Doch es gibt auch für kleines Geld professionelle Designs, z.B. via Fiverr, wo schon Cover für um die zehn Euro zu haben sind. Manche Designer bieten vorgefertigte Cover für 50 Euro. Selbst Amazon bietet einen Cover Creator. Der Designer meiner Buchcover berechnet zwischen 150 und 200 USD für ein Cover, d.h. ein Cover der Vorderseite für E-Books sowie ein vollständiges Cover mit Vorderseite, Buchrücken und Rückseite für gedruckte Exemplare.

Beschreibung

Eine kurze, spannende Buchbeschreibung auf dem Buchrücken sowie auf den Online-Verkaufsplattformen ist unerlässlich. Auch hier empfehle ich, die entsprechenden historischen Genres zu studieren und Redewendungen und Stil der Bestseller zu studieren und nachzuahmen.

Tipps

- Langatmige Beschreibungen vermeiden
- Ende nicht verraten
- Falls man eine offizielle Rezension hat, einen kurzen Abschnitt als Überschrift hinzufügen

Formatieren

Wer selbst veröffentlicht und dazu z.B. Amazon nutzt, wird feststellen, dass die eingegebene Beschreibung nicht sonderlich ansprechend formatiert ist.

Die Beschreibung bei Amazon sollte man auf jeden Fall formatieren. Ein beliebtes und einfaches System bietet Kindlepreneur: kindlepreneur.com/amazon-book-description-generator/

Man gibt den Text ein und formatiert z.B. mit *Italics* oder **Bold**, Absätze usw. Das Programm kreiert daraus ein einfaches computerfreundliches Format, das man bei Amazons Kindle

Direct Publishing (KDP) im Textbereich bei der ersten Listung eingibt.

Zum Veröffentlichen mit Amazon gibt es im Internet jede Menge Anleitungen.

9.　　　Verkaufskategorien für den historischen Roman

In welche Kategorien der großen Online-Verkaufsplattformen mein Buch gestellt wird, ist unglaublich wichtig. Warum? Weil das Suchfeld bei Amazon eine Suchmaschine ist, mit der ein potenzieller Käufer Bücher seines Geschmacks sucht. Dabei bedient er sich verschiedener Schlüsselworte oder -Suchbegriffe, z.B. ›historische Romane Zweiter Weltkrieg‹ oder ›Jugendroman Mittelalter‹ Wenn das Werk über einen Verlag herauskommt, kümmert der sich um die Platzierung.

Wer unabhängig veröffentlicht, kann die Kategorien selbst wählen. Bei Amazon kann der Autor neun Kategorien wählen. Man sollte sehr genau forschen, wo das Buch thematisch am besten aufgehoben ist.

Wenn man die richtigen Kategorien gefunden hat ...
*   meldet man sich bei Authorcentral.de, Amazons Autorenplattform, an.
*   Von dort wählt man Kontakt und schreibt direkt an Amazon.
*   Man listet Titel, ISBN/ASIN-Nummern, in welchen Kategorien das Buch zurzeit steht und welche neuen Kategorien man gerne hätte. Das sieht dann so aus:

Jetzt
Historische Romane für Jugendliche (Kindle-Shop)
Historische Romane - Militär
Kulturgut Belletristik

Neu

eBooks>Jugendbücher>Historische Romane

eBooks>Belletristik>Historische Romane>Deutsch

eBooks>Belletristik>Historische Romane>Kulturgut

• Innerhalb von ein bis zwei Tagen schreibt Amazon zurück und bestätigt die neuen Kategorien, die man noch einmal überprüfen sollte.

Tipp

Man muss sowohl E-Books als auch Paperbacks anmelden, die Kategorien für beide Formate unterscheiden sich voneinander.

10. Fragen, die man sich selbst stellen sollte

Jeder Autor hat Gründe, warum er ausgerechnet historische Romane schreiben will. Wann immer man über ein neues Projekt nachdenkt, sollte man sich selbst Fragen stellen. Diese Fragen dienen dazu, ein besseres Gefühl für das Projekt zu bekommen, erleichtern die Arbeit daran oder machen sie vielleicht effizienter.

• Welche Epoche spricht mich besonders an? Warum ist diese Ära interessant und verleitet mich, viele Stunden damit zu verbringen?

• Welche bekannten Personen lebten damals, die sich als Protagonisten eignen oder die ich in meine Geschichte einfließen lassen kann?

• Welche politischen, sozialen und persönlichen Probleme kann mein Protagonist erleben?

Zum Buchmarkt

• Ist die Epoche beliebt/verkauft sich gut? Wer sind die Protagonisten?

- Welche Konkurrenz gibt es – sind bereits Bücher über die bekannte Person oder Personen oder die spezifischen Probleme/Themen dieser Zeit auf dem Markt?
- Wie lange sind die konkurrierenden Bücher bereits veröffentlicht, wie viele und wie gute Rezensionen haben sie?
- Wenn ja, wie unterscheidet sich meine Geschichte/mein Thema/mein Stil vom existierenden Angebot? Mit anderen Worten, kann ich eine Nische für mein Buch finden?

Schlusswort

Egal, welche Epoche man bevorzugt, welchen Teil unserer Menschheitsgeschichte man zum Leben erweckt, die Hauptsache ist, dass man daran Spaß hat. Für einen Menschen, der etwas schaffen will, also einen Künstler, ist es wichtig, zu kreieren. Der Prozess des Schaffens, beim historischen Autor das Recherchieren und Kreieren einer vergangenen Welt, ist das Hauptargument, etwas zu schreiben.

Es ist durchaus sinnvoll, zu überlegen, ob und was man mit einer Erzählung sagen und erreichen will. Dient sie nur dazu, etwas aufzuschreiben, vielleicht die Familiengeschichte aufleben zu lassen? Oder hat man höhere Ambitionen, möchte man z.B. zum Verständnis der (damaligen) Welt beitragen? Egal, wie minimal dieser Beitrag ausfällt, er kann durchaus wichtig sein und etwas aufzeigen oder betonen, was bisher wenig diskutiert wurde.

In diesem Fall möchte man beim Leser eine Resonanz erzielen, was heißt, dass er nach der Lektüre des Buches irgendetwas anders sieht, etwas hat sich in ihm bewegt – er denkt über das

Gelesene nach oder spricht mit Freunden, empfiehlt vielleicht das Buch weiter. So ging es mir mit ›Vaterland, wo bist Du?‹, dem biografischen Roman meiner Eltern als Kriegskinder. Immer wieder erhalte ich persönliche E-Mails, in denen die Leser ihre Reaktion auf das Buch schildern. Allerdings hat mich diese Geschichte fünfzehn Jahre gekostet. So viel Zeit verging damals zwischen den Interviews meiner Eltern und dem fertigen Buch.

Zwischenzeitlich hatte ich längst andere Romane geschrieben und veröffentlicht, die sich auch viel einfacher und schneller schrieben. Es kann also passieren, dass ein Manuskript lange braucht, bis man zufrieden oder bis es *marktreif* ist. Wenn die Bearbeitung zäh ist, lohnt es sich, das Projekt zur Seite zu legen und es sozusagen sacken zu lassen, in der Zwischenzeit etwas anderes aufzugreifen. Irgendwann kehrt man dann zum Werk zurück, denn unser Unterbewusstsein ist durchaus fleißig dabei, aus dem Ganzen etwas Sinnvolles zu werkeln, auch wenn wir es im aktiven Leben nicht bemerken.

Hobby oder Beruf(ung)

Wie viel Zeit man mit dem Recherchieren und Schreiben eines historischen Romans verbringt, hängt letztendlich davon ab, was man erreichen will. Wie wichtig ist es, das Historische authentisch wiederzugeben, das Manuskript zu beenden? Ist es ein Projekt, das man einmalig durchführt, damit man sagen kann, dass man ein Buch geschrieben hat? Oder ist Schreiben das Berufsziel? Will man jeden Tag damit verbringen, im Vergangenen zu stöbern und Geschichten zu erfinden? Wie wichtig ist das Schaffen? Versteht man sich als Künstler? Und wie hält man sich finanziell über Wasser? Man sollte keinesfalls die Arbeit aufgeben, bevor man nicht ein verlässliches Einkommen aus Tantiemen aufgebaut hat. Aus eigener Erfahrung kann ich sagen, dass auch nach dem Wechsel zum hauptberuflichen Schriftsteller große Schwankungen im

Einkommen vorkommen können. Das heißt, es kann schlechte Jahre geben, und man sollte in der Lage sein, diese durchzustehen. Im Internet gibt es jede Menge Erfahrungsberichte, aus denen man lernen kann.

Erfolg ist individuell

Ob man mit einem historischen Werk erfolgreich ist, hängt von vielen Faktoren ab. Zum einen sollte man sich fragen, welche Erfolgserwartungen man hat. Wie misst man seinen Erfolg, welche Erfolgsziele setzt man sich und wie realistisch sind sie? Für den einen mag es genügen, ein 200-seitiges Buch zu schreiben, vielleicht zu veröffentlichen. Er ist zufrieden, wenn er 100 Bücher im Jahr verkauft. Der Nächste möchte regelmäßig Bücher produzieren, die sich 10.000- oder 100.000-fach verkaufen und ihm ein finanzielles Auskommen verschaffen.

Das sind Fragen, die man nur selbst beantworten kann – und zwar ehrlich und man sollte sich ausreichend Zeit dafür nehmen.

Egal, welche Ziele du mit dem Schreiben eines historischen Werkes verfolgst, die Hauptsache ist, dass deine Leser bei der Lektüre etwas *fühlen*, dass du deine Leser in eine vergangene Welt *entführst*. Ich wünsche dir den größten Erfolg, d.h. dass du deine Ziele erreichst. Vor allem genieße die Reise, das tägliche Arbeiten und eines Tages das eigene Buch in Händen zu halten.

Empfohlene Lektüre

Da ich mehr als 30 Jahre in den USA lebte und dort den Großteil der Schreibkunst erlernte, sind viele meiner Empfehlungen nur in der englischen Sprache verfügbar. Wer in Englisch einigermaßen fit ist, kann viel lernen. Aber natürlich gibt es auch viele gute deutsche Anleitungsbücher.

Leider kann ich nicht unbedingt aus persönlicher Erfahrung darüber berichten. Wie gesagt würde ich *die* Werke vorsichtig prüfen, die bereits auf dem Cover den Bestseller anklingen lassen. Das ist in der heutigen Buchszene sehr selten.

Ackerman, Angela & Puglisi, Becca: The Emotion Thesaurus
Bell, James Scott: Voice
Corbett, David: The Art of Character
Fish, Stanley: How to Write a Sentence
King, Stephen: About Writing
Lukeman, Noah: The First Five Pages
Lyon, Elizabeth: Manuscript Makeover
Maass, Don: Writing the Breakout Novel plus Workbook
Maass, Don: The Emotional Craft of Fiction
Prose, Francine: Reading Like a Writer
Stein, Sol: Über das Schreiben
Strunk William Jr. and White, E.B.: The Elements of Style

Schreibwerkstätten
Auch Schreibwerkstätten werden privat, über die VHS und viele Literaturorganisationen angeboten. Die Textmanufaktur von André Hille bietet ganzjährig und in ganz Deutschland ein breites Programm.

Mach dich schlau, lies dich ein, und gutes Gelingen für deinen historischen Roman!

Hilfreiche Internetquellen für die Recherche

Bildmaterial/Suchmaschinen

- Archive.org
- Pinterest
- YouTube
- Bundesarchiv
- Nationalbibliothek – dnb.de
- Flickr
- Victoria and Albert Museum – human inventions/history: vam.ac.uk/collections
- jstor.org/register - kostenloses Recherchekonto eröffnen
- Foto-Recherche: zeithistorische-forschungen.de/sites/default/files/medien/material/Bildrecherche.pdf
- Historynet.com (englisch)
- Besthistorysites.net (englisch)
- History.com (englisch)
- Ancient.eu (englisch)

Online/Magazine/Zeitschriften
- Smithsonian Magazin: smithsonianmag.com
- Zeit Geschichte
- All About History Magazin
- Liste deutscher Fachzeitschriften: deutsche-fachzeitschriften.de/uebersicht_historische_fachzeitschriften.html
- Liste internationaler historischer Fachzeitschriften auf Wikipedia: de.wikipedia.org/wiki/Liste_bedeutender_historischer_Fachzeitschriften
- Es gibt auch jede Menge Online-Angebote, wo man historische Zeitungen und Zeitschriften bestellen kann
- Gebrauchte/antiquarische Zeitschriften: abebooks.de/sammlungen/stoebern/magazine-zeitschriften
- Digitale Datei der New York Public Library: digitalcollections.nypl.org
- Digitale Datei der British Library: www.bl.uk/#
- Oldlife.net - alte Life-Magazine (englisch)
- Historytoday.com (englisch)

Mittelalter
- Shakespeare Fluchgenerator (englische) literarygenius.info/a1-shakespearean-insults-generator.htm
- Medievalists.net (englisch)
- Medieval Magazine (englisch)

Zweiter Weltkrieg
Über den Zweiten Weltkrieg haben viele Magazine, z.B. Geo oder Spiegel, Sondertitel herausgebracht
- Clausewitz-Magazin.de
- Transgalaxis.de
- Militaer-und-geschichte.de
- History-of-war

- WWII History Magazin (englisch)

Cover Designer
- de.fiverr.com
- magicalcover.de (fertige Cover)
- 99designs.de
- Canva.com (selbst gestalten)
- thebookcoverdesigner.com (fertige Cover)
- reedsy.com/design/book-cover-design/
- coverdesignerdirectory.com

Historische Organisationen/Mitgliedschaften/Foren
- Historical Novel Society (HNS)
- Historische bzw. Geschichtsvereine gibt es fast in jedem Bundesland und in vielen Kommunen
- Verband der Historiker und Historikerinnen (akademisch)
- geschichtsforum.de
- boell.de/de/europaeisches-geschichtsforum

Infos zum Publizieren bei Amazon
- kdp.amazon.com
- Kindlepreneur.com (englisch)

Lektoratssuche
- lektoren.de

Über die Autorin

Ursprünglich inspiriert von den Geschichten ihrer Eltern als Kriegskinder, entdeckte Annette Oppenlander ihre Leidenschaft für das Schreiben historischer Romane erst spät. Inzwischen ist sie als mehrfach preisgekrönte Autorin für ihre authentischen Figuren und auf wahren Geschichten basierenden Romane bekannt. Gekonnt verbindet Oppenlander historische Personen und Geschehnisse mit ihren Plots und vermittelt Lesern damit Einblicke in vergangene Epochen, verpackt in eine spannende Erzählung. Oppenlander inspiriert ihre Leser, indem sie Themen beleuchtet, die heute ebenso relevant sind wie in der Vergangenheit und scheut sich dabei nicht, selten diskutierte und auch unbequeme Inhalte zu behandeln.

Oppenlander vermittelt ihre Kenntnisse sowohl in deutscher als auch in englischer Sprache durch Workshops, unterhaltsame Präsentationen und Autorenbesuche an Universitäten und Schulen, in Büchereien, Seniorenheimen und der Literatur gewidmeten Organisationen. Nach dem

BWL Studium an der Universität zu Köln verbrachte sie 30 Jahre in verschiedenen Teilen der USA. Sie ist Mutter von Zwillingen und einem Sohn und lebt seit 2017 wieder in ihrer alten Heimat Solingen in Deutschland.

»Fast jeder Ort birgt ein Geheimnis, das Geschichte lebendig werden lässt. Wenn wir Menschen und Orte genau untersuchen, ist Geschichte kein Datum oder keine Zahl mehr, sondern wird zu einer spannenden Erzählung.«

Anmerkung der Autorin
Vielen Dank, dass Sie *Erfolgreich(e) historische Romane schreiben* gelesen haben. Ich hoffe aufrichtig, dass Sie beim Lesen bzw. Studieren so viel Vergnügen hatten, wie ich beim Schreiben. Wenn Sie einen Moment Zeit haben, freue ich mich über Ihre Rezension des Buches auf Ihrer bevorzugten Online-Plattform (Amazon, Apple iTunes Store, Goodreads usw.). Wenn Sie mehr über meine anderen oder zukünftigen Bücher erfahren oder sich für den gelegentlichen Newsletter anmelden möchten, schauen Sie gern bei annetteoppenlander.com vorbei.
Herzliche Grüße,
Annette Oppenlander

Hier finden Sie mich:
Website: www.annetteoppenlander.com
Facebook: www.facebook.com/annetteoppenlanderauthor
E-Mail: hello@annetteoppenlander.com
Instagram: @annette.oppenlander
Twitter: @aoppenlander
Pinterest: @annoppenlander